英语写作中优化的同伴反馈研究

冯美娜 著

浙江工商大学出版社
ZHEJIANG GONGSHANG UNIVERSITY PRESS

图书在版编目（CIP）数据

英语写作中优化的同伴反馈研究 / 冯美娜著. —杭州：浙江工商大学出版社，2015.6

ISBN 978-7-5178-1116-9

Ⅰ. ①英… Ⅱ. ①冯… Ⅲ. ①英语－写作－教学研究 Ⅳ. ①H315

中国版本图书馆 CIP 数据核字（2015）第 131677 号

英语写作中优化的同伴反馈研究

冯美娜 著

责任编辑	黄静芬	
封面设计	包建辉	
责任印制	包建辉	
出版发行	浙江工商大学出版社	
	（杭州市教工路 198 号　邮政编码 310012）	
	（E-mail：zjgsupress@163.com）	
	（网址：http://www.zjgsupress.com）	
	电话：0571－88904970,88831806（传真）	
排　　版	杭州朝曦图文设计有限公司	
印　　刷	杭州五象印务有限公司	
开　　本	880mm×1230mm　1/32	
印　　张	7.625	
字　　数	205 千	
版 印 次	2015 年 6 月第 1 版　2015 年 6 月第 1 次印刷	
书　　号	ISBN 978-7-5178-1116-9	
定　　价	25.00 元	

前　言

在中国英语学习者须掌握的听、说、读、写、译五种能力中，写作无疑起着承上启下的核心作用。写作不仅有助于巩固读和听输入的语言材料，促使语言知识内化，提高语言运用的准确性，而且还能为提高口语能力打下扎实基础。写作的重要性毋庸置疑，但是相关调查发现，英语写作是学生五项技能中最薄弱的。制约英语写作教学效果的因素虽然涉及诸多方面，但评改反馈无疑是一个极其重要的因素，因为评改反馈一方面是评估学生过程性写作的重要载体，另一方面还在教学实践与教学效果之间起着桥梁的作用。有效的评改反馈能帮助学生激发写作兴趣，保持写作热情，提高写作能力，并促进写作教学效果的最大化。

随着教学班型的日渐扩大，英语教师评阅学生作文花费的时间和心血也越来越多，最后却收效甚微，学生有时也对这种单向、被动的修改方式感到厌倦。同伴反馈为单一的教师反馈带来曙光，亦是当前外语写作教学领域的热点研究问题，有很多教师意识到了同伴反馈的价值，并在教学实践中率先使用了这种反馈方式。但由于同伴反馈的实施是一个复杂的过程，反馈的效果受到诸多因素的影响，因此在教学中并未取得预期效果。本书在前人研究的基础上，深入分析影响同伴反馈的各种因素，并提出具体的解决方法和步骤，希望能为教师在课堂教学实践中更加有效地开展同伴反馈活动提供有益参考。

本书包括七部分内容。第一章对同伴反馈相关知识进行概述,具体包括写作中反馈相关内容的介绍,同伴反馈的内涵、本质及作用,同伴反馈与其他反馈方式的比较。第二章介绍同伴反馈的四个主要理论基础:过程写作论、最近发展区理论、二语习得互动论、合作学习理论。第三章对国内外的同伴反馈研究进行梳理、归纳、总结,为深入分析同伴反馈的影响因素及优化同伴反馈过程奠定基础。第四章为研究的主体部分,具体介绍同伴反馈过程中的诸多影响因素,如反馈前培训、学生的语言水平、分组方式、评改类型、文化背景等,并针对具体的问题提出切实可行的解决策略。此外,本章还对近年来国内外核心期刊发表的同伴反馈的典型研究的研究方法、过程、结果等进行了介绍,以期为我国研究者进行类似研究提供参考。除了以上影响因素,为有效推进同伴反馈的开展,评阅者和被评阅者在同伴反馈过程中还需遵循一些总体原则,并且有必要将反馈双方分开研究,了解他们在同伴反馈中各自的获益程度及优化策略。反馈双方这部分内容将在第五章进行介绍。教师的作用无疑亦是同伴反馈有效开展的关键,第六章将具体介绍教师在同伴反馈前、同伴反馈中及同伴反馈后的职责。第七章对同伴反馈研究进行了展望,即英语写作教学一方面应不断完善已有的评改反馈模式,另一方面应积极探索行之有效的多样性评改反馈模式相结合的评改体系。同时,对同伴反馈在其他技能课如口语、翻译、名著欣赏等课程中的应用进行了介绍。

目前虽有大量关于同伴互评的期刊论文,但系统介绍如何在课堂教学中有效开展同伴反馈活动的专著特别少。国内有部分书籍介绍了英语写作的反馈方式,但大多数是介绍教师是如何进行反馈的。也有少数作品提及了同伴反馈,但介绍内容有如蜻蜓点水,无法为教师的教学实践提供切实可行的指导。近几年虽有部分硕博士论文对同伴反馈进行了研究,但多数是对同伴反馈进行教学实验,探讨同伴反馈的有效性,没有系统地分析影响同伴反馈的诸多因素,更没有针对具体问题提出具体的解决策略。国外有部分专著探讨了二语教学中的同伴反馈,相关理论研究比较全面系统,但在教学实践方面,由于语言环境、语言水平等各方面的差异,我们在课堂教学中无法照搬照抄。另外,无论是国外研究还是国内的硕博士学位论文,大多是用英语撰写的,很多研究者和教师可能难以深刻地理解。因此,撰写一本符合我国英语学习者学习特点的汉语的同伴反馈研究书籍,对教师在教学中更加有效地开展同伴反馈活动具有非常实际的意义。

本书可以为从事同伴反馈研究的人员或撰写相关论文的人员,如大学生、研究生等,提供一些参考。更重要的是,本书具有很强的实践意义,能为教师在课堂上更有效地开展同伴反馈活动提供参考,有利于节省教师时间,促进学生互动,从而提高学习效果。

冯美娜

2015 年 5 月

目　　录

绪　　论

英语写作能力是我国外语教学中强调的一个核心技能,在听、说、读、写、译五种能力中,写作起着承上启下的作用。它不仅有助于巩固读和听输入的语言材料,而且能为口语输出打下扎实基础。在当前的教学实践中,教师和学生在提高英语写作技能方面投入了大量时间和精力,但教学效果远远不能令人满意。很多教师和研究者认为,写作是学生所有英语技能中最薄弱的一环。研究者们从不同角度分析了影响我国学生英语写作的因素,他们的研究结果表明:外语水平、母语写作能力、写作任务与条件、写作练习频率和元认知能力对外语写作的质和量有不同程度的影响(王立非2005)。除了以上方面,写作评改模式的有效程度无疑亦是一个影响学生作文质量的极其重要的因素。评改反馈一方面是评估学生写作的重要载体,另一方面还在教学实践与教学效果之间起着桥梁的作用。有效的评改反馈能帮助学生激发写作兴趣,提高写作能力,促进写作教学效果的最大化(姚欣,万静然 2012)。鉴于此,本书首先回顾当前英语课堂比较常用的几种英语写作评改方式,而后,在此基础上讨论各类评改对提高学生写作水平的影响,以期为不断完善这些评改反馈模式及积极探索行之有效的模式奠定基础。

一、英语写作评改方式回顾及评析

(一)教师评改 (teacher feedback)

长期以来,评改作文一向被视为教师的天职。教师因语言功底扎实、知识面广而被视为最佳评改主体。传统的教师作文评改主要为书面评改,其模式为:学生原作→教师批改打分→(间或)教师课堂讲解。到目前为止,该模式在英语写作教学中仍占据主导地位。关于教师书面反馈的研究大多集中在两方面:教师反馈的焦点和反馈过程中使用的策略。反馈焦点是指在批改过程中教师主要是针对语言形式问题的修改还是针对内容方面的修改。有的研究者认为,和语言形式反馈相比,内容结构反馈对于提高学生的写作能力更有效。而有的研究发现,语言形式反馈、内容结构反馈以及语言形式反馈和内容结构反馈的混合都是有效的。反馈策略是指批改的方式是直接修改还是间接修改。杨敬清(1996)以中国非英语专业大二学生为研究对象,以 5 种不同的方法对各组学生的作文初稿进行评改,调查结果发现,不同纠错方法都有效,其效果并没有很大区别。

通过对大量实证研究的归纳,教师评改与英语写作评阅效果之间的关系可以概括为以下几点:写作练习本身可以提高写作能力;评改作文比不评改作文更能提高学生写作能力;对语言形式和内容的双重评改给学生带来的帮助更大;改写或重写作文可以提高写作能力;改错误的方法可能导致学生不敢大胆使用语言。纵观教师评改研究,大多数研究者认为教师的评改反馈提出了建设性的建议,这些评语有利于学生发现原稿中的不足,对其修改作文有明显的帮助。那么学生是怎样看待教师评改的呢? 相关调查发现,大多数学生对教师的批改工作持肯定态度,他们认为教师对作文的批改能提高自己的写作水平。大多数学生希望教师的评语具体清楚,在作文的最后,教师应该对作文进行一个概括性的评判

（张兴芳 2009）。

教师评改反馈能够激发学生感悟写作策略，掌握写作技巧，从而增强自我修改意识并提升写作水平（葛丽芳 2011）。但不可否认的是，教师的书面评改也存在一些弊端，它是一种单向被动的评改模式，评改过程中缺乏师生的交流互动，有时会出现师生双方理解错位的现象，从而影响评改的效果，同时，教师的评改大多数时候比较滞后。

（二）同伴互评（peer feedback）

同伴互评又称同伴反馈，是一种为帮助学生从同伴处获得更多的反馈以促进写作能力提升而开展的活动（Lundstrom 2009）。同伴互评符合以学生为中心的教学理念，为同伴间的合作和交流提供了平台；同时还可以训练学生的评估和反思技能，有利于培养学生的批判性思维。王海啸教授曾提出："写作不仅仅是为了产出，还是为获得读者的反馈；反馈也是写作。"同伴互评提供了更多的生生互动机会，学生阅读欣赏同伴作文，可以获得教师以外更多的反馈者，这种方式可以有效利用课堂资源。我国学生在英语写作中最突出的难点是写作内容的贫乏（王立非 2005），同伴间的相互合作可以拓宽写作思路，丰富写作观点。国内外研究者对同伴互评的效果进行了大量研究。大多数研究者认为学生有能力对同伴的作文进行修改，同伴互评有利于学生写作水平的提高。关于学生对同伴互评的态度调查，国内外学者持不同观点。国外的大多数研究认为，中国学生在进行同伴互评时态度消极；但是越来越多在中国 EFL（English as a foreign language）环境下进行的同伴互评研究表明，多数中国学生对同伴互评持积极态度，认为同伴互评对改进作文有益。很多学生表示尽管教师是"知道更多"的人，但同伴评改可以互相学习，取长补短，共同进步。

同伴互评存在诸多优点，是教师评改的有益补充。但是同伴互评本身是一个综合、复杂的过程，因此它在实际课堂上的运用存在很多挑战。其一，同伴反馈无论是口头反馈还是书面反馈，都是一项耗时的教学活动。如何在有限的教学时间及课时安排内使同伴反馈有序、有效地进行？其二，相当一部分研究结果在肯定同伴反馈作用的同时，指出同伴反馈意见的合理性及采纳率较低。在同伴反馈过程中，如何增加评阅者的有效建议并提高被评阅者对意见的采纳率？其三，虽然同伴反馈对评阅者和被评阅者来说是一项双赢的活动，可是如何有效设计分组方式使每个同学都积极参与同伴反馈，都能从同伴互评中获得更大的收获呢？以上三点均是促进同伴互评活动有效开展的既重要又极具挑战的任务。

（三）学生自我评改（self correction）

在学生自我评改中，学生自己承担作文修改的责任，自己找出错误，分析原因并提出修改方法。自我评改反馈是增强学生主人翁意识、减少写作错误、发展写作能力的重要一步。反馈过程中，学生应大胆跳出长期扮演反馈接受者的框架，敢于在写作反馈系统的多向互动中扮演反馈施与者，用于检验自己的语言假设，促进自身语言能力的提升（胡茶娟，张迎春 2011）。在自我评改反馈中，大多数学生可能更多地注意作文中的表层错误，如语法表现形式的正确性，词汇、拼写、标点等问题，改正这些语法错误有助于加深作者对错误的认识和理解，从而最大限度地减少甚至避免类似错误的再次出现。伴随着学生写作能力的提高，学生的关注点会从表层语言表达准确性转向深层思想内容方面。

学生自改作文的方式存在着两大主要问题。首先，学生会有抵触情绪，部分学生认为纠错是教师的责任，自我修改是浪费时间，因而没有进行实质性的修改。其次，在自我更正的过程中，有些学生，特别是基础较差的学生，不知如何下手，或者会犯更多其他错误。因此，教师要调动学生自我修改的积极性，强调学生有能力对文章中的部分问题进行自我修改，并且修改错误的同时还能对某些观点见解等进行完善，甚至产生新的灵感。为鼓励学生严肃认真地对待自我评改反馈,教师最好能为学生提供修改标准或为学生制定一个核查项目表,让学生对照自己的文章逐项修改。自我修改可以从如下四个方面着手:第一,内容是否符合作文题目要求,结构是否合理;第二,文章语句是否表达清楚,是否通顺连贯;第三,时态是否正确、统一,是否存在语法或搭配错误;第四,标点符号运用是否合理,书写是否规范。在完成上述修改后,学生最好再朗读一遍自己的作品,因为在朗读时也可能发现一些错误,如语法错误、漏词、拼写错误等。

(四)自动评改系统评改(automated essay scoring)

自动评改系统就是利用计算机技术对作文进行评估与评分。近几十年来,随着计算机硬件和软件性能的快速提高,自然语言处理等技术获得了长足的发展,国外一批作文自动评分系统相继问世,其中最具代表性的三种作文自动评分系统是 PEG(Project Essay Grade)、IEA(Intelligent Essay Assessor)和 E-rater。三种评分系统都有各自的特点及不足之处。PEG 运用统计技术及自然语言处理技术重点分析文章的语言质量层面而对内容等层面不做分析;IEA 使用信息检索中的潜伏语义分析法,注重对作文内容的分析,这是作文自动评分系统的一个重大突破,但该方法只能对作文内容进行评价,置作文的语言质量于不顾。E-rater 的独到之处在于,它没有像 PEG 那样忽视对作文内容的分析,也没有像 IEA 那样对作文的语言质量置之不理。除此之外,E-rater 对作文的篇章结构质量也给予了一定的关注。由此可见,E-rater 在评分过程中考虑到了作文质量的更多方面,更大程度地模拟了人工评分的过程,也更多地使用了其他学科的技术,与另外两种系统相比评分的效度可能更高。然而,E-rater 的自动评分技术也并非无懈可击。首先,其语言质量分析模块对语言若干方面的分析不够全面。众所周知,作文语言质量的分析应该包括词汇、句法、语言的准确性等多个方面,而 E-rater 对语言质量的分析主要考虑的是作文中句法的多样性，这势必会影响评分的效度。其次，与IEA 相比，E-rater 的内容质量分析模块尚有提高的余地。IEA对作文内容的分析方法值得借鉴。再次，E-rater 对篇章结构的分析拘泥于文本的表层特征，容易被考生识破，导致不利的反拨作用（washback effect）。以上评分系统大多是针对母语为英语的学习者设计的，对中国学生的作文针对性不强，并且其评分方法比较适用于大规模的考试，并不适合小规模的课堂教学。

国内开发的比较知名的作文自动评分系统有冰果和句酷等。冰果侧重作文整体评分，不指出文章的细节错误，只给出最后得分和评语。句酷批改网（http://www.pigai.org）是一个网上智能批改系统，以 SAAS（software as a service，软件即服务）的方式为教师和英语学习者提供英语作文的在线自动批改服务。句酷主要有四个特点：一是反馈及时，系统对学生作文进行分析，能自动识别词汇、搭配、语法等常见错误，实时给出修改建议和分数，老师不需花费大量时间改正这些低级错误；二是按句点评，系统除了指出作文每一句中存在的拼写、语法、词汇、搭配错误外，还能分析错误类型，为学生用户提供特定知识点的扩展训练、搭配推荐、参考例句等，为学生提供全面的写作指导，帮助学生自主学习；三是抄袭检测，句酷批改网在学生提交作文后，会以句子为单位，查验该作文与本班其他同学作文是否重复，与本校学生作文是否重复，与语料库是否重复，与互联网网页内容是否重复，并提供重复度指标供教师参考；四是提供进度报告，进度报告记录了一个学校、一个班级或某个具体学生写作能力的成长过程。该报告有利于学校和老师掌握学校、班级学生总体薄弱点和个体薄弱点，了解各知识点掌握程度的变化趋势，为学校和教师进行英语教学的安排提供数据支持。

作文自动评分系统可以减轻教师的工作负担，评分标准更客观、更清楚，避免了主观因素影响，同时更为高效地达到了以评促学的目的,凸显了过程写作学习法的重要性。然而,作文自动评分系统也并非万能,目前自动评改系统对学生作文的评价主要集中在词汇层面和部分较为成熟的语法分析层面,无法准确地评估作文的内在质量,如写作的流畅性、句子结构的复杂度、文章的措辞、内部的逻辑性与关联性等,因而也就无法全面评估学生的英文写作水平。最为关键的是,学生可以采取很多写作技巧来迎合电脑评分标准以得到较高的分数,因此,既要增强评改系统的智能性,也要补充其他反馈手段以弥补其不足。

二、英语写作评改方式的优化

每种反馈方式都有各自的特点,此部分概括性地介绍教师评改和同伴评改的优化方式。本书之后各章节将具体分析同伴反馈的影响因素及优化策略。

(一)教师评改的优化

综合各方面的研究,我们认为在外语作文评阅时教师应注意以下几点。第一,教师对学生作文的评阅宜及时进行,心理学研究文献表明,语言产出与反馈之间间隔时间越长,反馈的效果就会越差,教师的及时评阅可以让学生在忘记上次作文之前更好地领悟教师的评语。第二,教师评改的有效性很大程度上取决于学生对评改后作文做出的反应程度(杨敬清 1996)。改写是优化教师评改的有效途径,教师应鼓励学生反复修改作文,养成自我修改的良好写作习惯。修改后的文章能使学生看到自己的进步并因此而大大增强自信心,而且在修改过程中,学生自身的语言知识能得以巩固,写作技巧也会随之加强。第三,对学生作文中出现的语言错误,教师不必逢错就改,应区别对待差错。对明显具有普遍性的错误,可在课堂上统一讲评。从理论上讲,学生犯错误是进步的阶梯,是不可避免的。通过大量接触正面的输入,学生的英语水平会不断提高。因此,教师应多提供各种体裁的典型优秀范文,与学生共同讨论范文的语言特征、内容、结构等，然后要求学生借鉴范文模仿写作。第四，评语要考虑学生的个性、情感因素等，以鼓励为主，发现他们作文中的闪光点，让学生逐步建立起用外语写作的信心和兴趣。除此之外，为了进一步提高教师评改的有效性及促进师生互动，教师的书面评改应与面批及集中讲评有机结合。

面批是教师与学生通过面对面讨论的方式对作文进行评改的方法。这种方法是双向的、动态的，有利于促进学生对反馈知识的理解和吸收。面批的优势主要有以下三点：第一，学生能从教师那里得到一对一的个性化指导；第二，有问题时可以及时澄清，教师能更精准地反馈信息，学生能更精准地接受信息；第三，书面反馈转化成口头反馈，促进师生交流合作，可以达到最佳的人际效果。目前的英语写作教学实践中，受课程设置、班级人数、教师时间及精力有限等因素的影响，面批这种反馈方式没有得到充分重视。教师可通过合理的设计分批分期对学生进行面批反馈，使每位学生都有机会与教师面对面交流，都能得到具有针对性的指导。面对面评阅使教师成了写作过程的参与者而不是评分者，避免了师生理解错位现象，帮助学生从教师的反馈信息中获得最大的收益。

集中反馈是教师在全班通过口头、书面或在黑板上对所有学习者的学习任务进行反馈的方法。这种反馈形式见效快，学生受益面广，教师在讲评过程中可以将理论技巧融入实践，取得事半功倍的效果。相关调查发现，绝大多数学生认为，作文经教师评改后应在课堂上再集中讲评。因此，学生的作文返回后，教师应在课堂上就学生作文的内容、结构、词汇、连贯等方面普遍存在的一些问题进行分析，帮助学生找出错误的原因及引导学生积极努力寻找解决办法。

除此之外，教师培训迫在眉睫。教师反馈的成败在很大程度上取决于反馈方式和反馈质量。欧美一些国家及中国香港等地区已开始对教师反馈提供专门的培训，而我国内地尚未对教师反馈进行重视,培训事宜更是罕见。大部分教师只是根据自己的主观经验进行反馈。近几年来,我国虽有少数针对教师反馈的研究报告,但总体来说,有关此方面的研究还不够深入细致,调查结果还不足以为外语课堂教学和师资培训提供可操作性方案。

(二)同伴互评的优化

鉴于同伴互评的有效开展受诸多因素影响,在实际的英语写作课堂中,实施同伴互评应注意以下几点:教师要在同伴反馈前进行充分设计,明确同伴反馈活动在写作过程中的实施阶段。写作过程中的任何阶段都可以安排同伴反馈活动。写作题目确定时可以开展同伴反馈活动,教师可安排学生进行头脑风暴,让学生商讨提供各种相关题目,然后教师鼓励学生之间相互讨论这些题目,如题目的切题程度、重要性、撰写的难易程度以及资料寻找的相关问题。这能帮助学生判定哪个题目更适合,在讨论的过程中也能收集更多的信息。如果题目已经确定,那么在写作提纲的撰写阶段可以开始实施同伴互评活动,同伴之间可以对提纲进行阅读和反馈,这样更能使学生理顺文章结构,把握文章总体方向,从而避免文章写完后过度关注细节、语言、语法等问题。除此之外,同伴互评也可以融入整个写作过程,这能增进学生对后期写作文本的理解,有益于他们的相互协商及意见的采纳。如果受课堂时间限制,教师可以选择写作过程中的一个阶段进行同伴反馈活动。随着计算机技术的发展,教师们有更多的同伴反馈模式可以选择,如口头反馈、笔头反馈、笔头加口头反馈(读文本后写出评论然后口头交流评论)、计算机辅助反馈(在线阅读文本然后匿名或非匿名给予反馈),教师可采取多样化的互评模式,调动学生的积极性。

学生的语言水平及写作能力影响同伴反馈的效果,因此,如何通过合理设计来最大化反馈效果变得尤为重要。相关研究表明,学生写作成绩提高的程度与有效采纳建议的数量正相关,所以提高同伴有效采纳的建议的数量是提高同伴反馈效果的重要因素。

要提高采纳的建议的数量,评阅者提供的有效建议的数量和质量是至关重要的。教师可通过以下手段提高评阅者的评阅质量:第一,评阅者为班级高水平学习者;第二,评阅者的语言水平相对于被评阅者语言水平更高,可以通过合理的分组方式实现这一点;第三,重组学生对修改稿进行新一轮的反馈或采用多人评一的方式增加意见数量;第四,在线评改,利用网络的同伴反馈使学习者能更加轻松地给出反馈意见,网上的即时和延时交际有助于增强反馈效果,提高反馈质量。有了高质量的评阅意见,如何促进被评阅者有效采纳意见呢?部分研究者发现,当小组内部成员的互动模式为合作型时能使同伴意见更好地被采纳。因此,首先,教师可指导学生如何礼貌地提出建议,有时通过让学生决定如何分组,如何分配组内任务等方式促进小组成员的合作互动。其次,评阅者的建议清晰明确无疑有助于提高被评阅者的采纳率。因此,教师需要引导学生如何提具体有意义的建议,而不是宏观评判。最后,营造轻松的互评氛围,建立同伴间的信任也可以增进意见的采纳。

如何有效设计同伴反馈的分组方式呢?冯美娜(2015)的调查指出,语言水平及结对方式会影响同伴反馈的效果,并且结对方式对同伴反馈效果的影响大于语言水平,反馈源语言水平的公开与否会影响同伴反馈意见的采纳,最理想的结对方式为高评低组合。因此,在同伴评改反馈中,教师应注意合理设计同伴反馈的分组方式,既要考虑同伴在语言水平和写作能力上的类似性,又要考虑同伴在语言水平和写作能力上的差异性,以信息差触发同伴在文章内容和整体结构等方面的信息反馈(姚欣,万静然 2012)。

三、多元结合的反馈模式

就评改反馈的形式而言,教师评改反馈、同伴评改反馈、自我评改反馈及自动评改系统评改反馈等不同形式都有各自的内容、具体的功效及其相应的实用性。在写作教学过程中,既需要教师给出的指导性反馈,也需要由学生自我检验语言假设,完成语言知识构建的自我反馈;既需要轻松双赢的同伴反馈,也需要支持随时自主写作的电子反馈。因此,在教学过程中,教师应根据教学任务,灵活设计多元结合的反馈模式,使各个反馈方式能相互补充,相互促进。

　　应用语言学家 Raimes(1983)认为,写作不是一种单向的行为,而是学生与语言、学生与教师、学生相互之间的交互行为。为了使作文评改真正起到其应有的作用,合理的评改方法应满足以下原则:第一,有利于激发学生的写作热情,促使他们积极思考、主动练习;第二,有利于提高学生辨别文章优劣的能力,使他们养成反复修改文章的习惯;第三,能给学生提供尽可能多的练习机会。反馈是写作教学过程的重要环节,有效的反馈能照顾学习者的个体差异,最大限度满足学习者的认知需要,并直接影响学习者的语言习得,促进学习者写作能力的提升(胡茶娟,张迎春 2014)。因此,在英语写作中采取多种评阅模式和反馈方法的相互结合,优势互补,才是比较客观又行之有效的教学方法。只有多种反馈方式有机结合,才可以从多方面、多角度对学生的作品做出更全面、更客观、更科学的评价。

第一章　同伴反馈概述

　　本章主要介绍二语习得与二语写作教学中的反馈与同伴反馈研究。首先,分析教育领域内反馈的定义和内涵,然后从历时角度阐述不同学习理论和不同二语习得理论视角下的反馈观,并从不同角度介绍反馈的分类。其次,介绍同伴反馈的内涵及相关实证依据。最后,进行同伴反馈与其他反馈方式的比较。

第一节　英语写作中的反馈

　　二语写作反馈由来已久,反馈已成为外语写作构成的一个有机部分。因此,对二语写作反馈的研究也是二语习得领域不容忽视的课题,它的研究将会对学生写作水平及质量的提高产生深远的影响。在教学环境中,反馈通常指为了改进或提高学生的写作水平或写作质量而对其某一写作任务完成情况所发回的信息。该信息主要由两个可辨别的"评估"和"改正"成分构成。评估通常是指评价者对写作任务完成情况的一个指向性评价,而改正则是指评价者对写作中所犯错误的明晰性批改。不管是评估还是改正都是信息的传递,在传递过程中,所传递的信息对作者都具有刺激作用,促使其对作品进行反省和改进。近年来,有关二语写作教学的反馈对学习者的影响一直是研究的热点,其重要性已得到二语研究者的广泛认同。本部分将对反馈的相关知识进行具体介绍。

一、反馈的内涵

什么是反馈?就语言学习而言,Kulhavy & Dyer(1979)明确指出,因其提供给学习者各种信息,反馈最初被看作语言学习的催化剂。Arndt(1993)强调,反馈对一篇习作的最后成文起着至关重要的作用。根据《朗文语言教学与应用语言学词典》,反馈是学习者从教师或其他学习者处获得的评论或信息。Keh(1990)更精确地把反馈解释为"读者给作者提供的便于他们修改的信息",包括评价、质疑、建议等。他认为,写作教学中的反馈是"读者向作者的输入",它的功能是向作者提供修改作文的信息。从以上对"反馈"的不同定义中,我们可以归纳出其基本内涵主要涉及以下几个方面:

①反馈提供者:通常是教师、专家或同学等;

②反馈接受者:学习者;

③反馈主要目的:促进学习;

④反馈方式:参照一定的标准对学习者完成特定任务的表现提供一定的信息。

20 世纪 70 年代以来,随着心理语言学的发展,写作作为第二语言的研究重点,从评估学生习作转向探索学生写作过程,传统的结果教学法也随之被过程教学法所取代(Chaudron 1984)。过程教学法以交际理论为基础,强调写作过程是一项教师与学生、学生与学生间的交际活动。过程教学法将"反馈"概念引入写作教学,这一举措具有一定的创新意义,它不仅有利于创建交互式写作环境,而且有利于形成完善的循环反馈机制,提高写作评改效果。作为过程教学法的有机组成部分,反馈在英语写作教学中的作用理应得到必要的重视，并成为研究的对象。

二、不同理论视角下的反馈观

不同理论视角下的研究者对反馈主要功能的认识不同。行为主义者认为反馈在教学中主要起刺激和强化作用；认知主义者认为反馈主要为学习者提供输入信息；建构主义者认为反馈主要是帮助学习者构建各种知识的工具。在二语习得理论视角下，学者们主要关注纠错反馈对学习者的影响。

(一)行为主义学习理论下的反馈观

20 世纪初，Thorndike (1911) 在其"效果律"(The Law of Effect)和"联结说"(Theory of Connectionism)中就对反馈作用进行了细致研究。他认为学习的实质就是形成一定刺激与反应的联结，反馈则在刺激与反应之间充当联结器。在学习过程中，学习者根据反馈信息调节自己的反应，在不断重复的尝试中，逐渐摒除错误反应，增加正确反应，最后形成固定的刺激反应联结。20 世纪 50 年代末 60 年代初，在 Thorndike 理论基础之上，Skinner(1960) 与其他研究者根据操作性条件反射原理提出了程序教学法 (programmed instruction)，其教学步骤安排通常为第一个问题的答案是研究第二个问题的基础(连续渐进原则)；回答问题后立即出现正确答案(即正确的反馈)，以使学习者能够核对自己的反应 (后效强化原则)。程序教学法在 20 世纪六七十年代被广泛用于教学实践，但教学效果却没有预期的好，因为在应用中经常发现有些学生最初回答正确的项目经过反馈后却在后测中答错了，有些最初答错的项目经过反馈纠错后并未在后期的测试中答对。遗憾的是，行为主义者未能对这些现象做出令人满意的解释。

从 20 世纪 70 年代起，认知主义心理学对教学的影响不断扩大，并逐渐取代了行为主义心理学，行为主义的反馈观也相应地受到人们的质疑。

(二)认知主义学习理论下的反馈观

认知主义者(Kulhavy & Stock 1989)视反馈为信息加工,着重研究反馈对学习者认知和元认知过程的影响。他们认为,行为主义者把"反馈"当作"强化",犯了概念混淆的错误,只看到两者的出现在线性顺序上相似,即都发生在刺激—反应之后,却未意识到两者本质不同。实验室中的刺激相对单一,动物做出的反应非对即错,强化主要起核查作用。但是,教学环境要比实验室环境复杂得多,对学习者的刺激总是处在不断变化中,学习者所做的反应并不是非对即错,一些答案处在对和错两个极端之间。教师提供的反馈不仅有核查作用,更多的是起解释作用。行为主义视角下的反馈观与认知主义视角下的反馈观的主要区别在于如何对待学习者的错误反应。前者对错误置之不理,当学习者答错时,直接给出正确答案,反馈的作用是强化正确答案并以此来提高在后测中答对或理解相同项目的概率;后者对错误高度重视,反馈目的主要是帮助学习者改正错误,通过在反馈中解释错误原因,提供与学习相关的信息来提高在后测中的表现。简言之,行为主义者视"强化"为反馈主要功能,认知主义者视"纠错"为反馈主要功能。

(三)建构主义学习理论下的反馈观

建构主义学习理论除受到认知主义信息加工学说的影响外,Vygotsky 的社会文化理论与 Piaget & Bruner 等人的教育思想也是其重要的理论来源。建构主义认为,知识并不是对现实的纯粹客观的反映,任何一种记载知识的符号系统也不是绝对真实的表征。它只不过是人们对客观世界的一种解释或假说,也必将随着人们认识程度的深入而不断变革、升华和改写。课本知识也只是一种解释或假设,并不是解释现实世界的绝对参照,更不是终极答案。学习过程是学习者以自己的经验背景为基础,对外部信息进行选择、加工、处理,主动建构知识和意义的过程。这种建构是无法由他人替代的。教师不再是传统意义上的知识传递者和灌输者,而是转变为学生学习的辅导者、高级伙伴或合作者。在建构主义学习理论的影响下,许多学者重新反思反馈在教学中的主要作用。建构主义视角下的反馈主要有以下功能:①作为一种获取知识的工具,帮助学习者构建内在现实;②在相关的情景中帮助学习者解决复杂问题;③推动学习者之间的互相交流;④帮助学习者从不同角度看问题,为多种表征方式提供指导作用;⑤引导学习者度过结构不良领域,提醒他们学习目标是什么;⑥帮助学习者向自己的潜能挑战(Mory 2004)。

(四)第二语言习得理论视角下的反馈观

对教师纠错反馈的作用主要有两种看法:一种认为教师反馈基本无效,甚至可能有害;另一种认为教师反馈有积极效果,可以促进学习。

反对教师纠错反馈的 SLA(Second Language Acquisition)理论受先天论和普遍语法影响。Krashen(1982)提出了一系列 SLA 假说,成为反对教师纠错反馈的理论依据:①自然顺序假说声称,无论孩子还是成人,在习得 L2 句法结构时都像习得母语 L1 时一样,要遵循一定的自然顺序。如果教师的反馈不符合 SLA 的发展规律,反馈将是无效的。②习得—学习假说、输入假说和监测假说认为,L2 学习者既可以无意识地习得 L2,也可以有意识地学习 L2,但习得才算是真正掌握 L2。教师的纠错反馈只能影响学习,却无法影响习得。学到的语法规则也只能对输出的中介语进行编辑和监测等,并不能自动转化成习得。虽然纠错反馈的教学方法有一定短期效果,但如果不能习得的话,大约三个月后,L2 学习者就会逐渐忘记所教内容。另外,如果 L2 学习者总是利用学过的语法知识监测自己的语言输出,长此以往反而会影响 L2 流利性的发展。同时,Krashen 的情感过滤假说认为,教师纠错反馈还提高了 L2 学习者的情感过滤,从长远来看对 L2 的习得也有一定的阻碍。

支持教师纠错反馈的 SLA 理论持"技能构建假说"（skill-building hypothesis），这些研究者（DeKeyser 1998 等）认为，在学习 L2 时应该首先学习语法规则，通过不断练习，学习者可能掌握并灵活地应用语法规则。纠错反馈是掌握语言技能的重要组成部分，它起着传递信息、强化和维持语言及消除错误的功能。尤其是负面反馈，可以促进学习者实现从陈述性知识向程序化知识的转变。持"可理解输出假说"（comprehensible output hypothesis）的研究者（Swain 1995 等）通过调查发现，只有输入还不足以使学习者习得 L2，学习者的语言输出同样重要，它可以帮助他们注意到输入的目标语和输出的中介语之间的差距，修正输出的语言并使之更接近目标语。在这其中，教师的纠错性反馈充当着重要的"注意获取机制"（attention getting device）。如果缺少这种反馈，学习者就可能忽视输入与输出之间的差距，久而久之便会造成石化现象。另外，教师的纠错反馈在中介语的发展过程中也起着假设验证的重要作用，可以帮助学生确认、否认或修改自己归纳出的 L2 语言规则假设，从而推动 L2 语言不断发展。持"互动假说"（interactionist hypothesis）的研究者（Long 1996 等）认为，环境和学习者因素相互作用共同推动 L2 发展。纠错反馈可以帮助学习者在交流的过程中建立接近目标语中的形式和意义之间的映射，尤其是"负面反馈可以促进 L2 发展，至少有助于词汇、形态和一些句法的学习，对一些可确定的 L1 和 L2 的对比学习也至关重要"（Long 1996）。

三、反馈的种类

Annett（1969）认为，就一般学习任务而言反馈具有三种功能。第一，刺激：进一步激发学习者的努力。第二，加强：强化学习者的表现。第三，信息知识：有助于更正答案。行为心理学研究结果认为，反馈的作用取决于反馈者的意图、反馈的方式和接受反馈者的认识。由于反馈分类标准的差异,学者们研究的重心也出现了很大的不同。根据反馈的来源,反馈可分为教师反馈、同伴反馈和自我反馈;根据反馈指向的清晰度,反馈可分为直接反馈和间接反馈;根据反馈的载体,反馈可分为口头反馈、书面反馈和电子反馈;根据反馈的聚焦特点,反馈又可分为形式反馈和内容反馈及聚焦反馈和非聚焦反馈。不管何种反馈研究,其目的都是验证反馈的有效性和提高反馈的效度,以服务于教学。

(一)口头反馈、书面反馈和电子反馈

反馈的形式有三种:口头反馈(oral feedback)、书面反馈(written feedback)和电子反馈(electronic feedback)。口头反馈是指不借助文字而只运用语音为载体传递反馈的形式,可细分为录音反馈和当面反馈。口头反馈尤其是当面反馈有利于评、写双方"打开思路,拓宽视野,丰富语言表达","降低误解和误会的可能性",提高学生的社会交互能力。但是,当面反馈也有其不可克服的缺点,比如费时,容易受面子和自尊水平等学习者个体的情感因素影响等。书面反馈是指反馈者把自己对写作文本的评价记录在文本或者其他纸质载体上的反馈形式,内容包括对问题错误的标注或更正及对文本的总体评价。书面反馈的永久性利于写作者事后查看,但是由于反馈者使用的标注符号没有统一标准,常常容易引起误解。目前,在课堂上进行的同伴反馈研究主要采用口头反馈和书面反馈相结合的方式。随着我国进入信息时代,电子信息技术也广泛应用于教学研究。电子反馈是继传统的书面反馈和口头反馈之后近年来写作反馈研究的亮点之一,它是指"由计算机传递的教师或同伴反馈,或者是计算机自动处理软件系统对学生作文提供的自动反馈和评估",下文将详细介绍三种电子反馈模式。

1.写作讨论会式的反馈

目前计算机网络在语言教学中的大量使用,使得越来越多的研究者开始探讨电子反馈的效力。计算机网络为写作教学提供了

两大选择：一是教师与学生之间或学生与学生之间通过网络相互交流的同步写作（synchronous writing）；二是学生以滞后方式，如通过电子邮件与教师或同学进行学习交流的非同步写作（asynchronous writing）。研究表明，电子反馈有利于学生语言能力的培养，也使写作课更具合作学习的意义。Warschauer（2002）等提出，学生在以计算机为中介的交流（computer mediated communication）中，可以随时提出问题并参与讨论，他们能更主动、更自主地寻找自己所需要的反馈。写作讨论会中的讨论大多是以学生为中心，这便提供了更多的生生互动的机会，有利于培养学生的团队精神，便于鼓励和督促学生更多地参与和交流，而在这个过程中，教师扮演着活动促进者和协调者的角色。

网络传递让学生们更容易地读到了同伴的作文，并获得了除教师以外的同伴读者，这有助于提高他们的读者意识（Ware 2004）。同时，此类网络交际能促动和激发学生，特别是为那些基础稍差的学生提供一个练习读写技能并接受同伴反馈的轻松环境。另外，网络交际可帮助学生写出更高质量的作文，提供更高质量的同伴反馈意见。联网的计算机在让学生快速地传递和交流作文的同时，也让教师更容易地监督学生之间的反馈情况。教师通过屏幕的切换，可随时与不同的学生交流，这比他们在教室里走来走去，到各个小组与学生交流要容易和及时得多。而以计算机为中介的写作讨论会的主要优势是可以自动存储评语，留作日后检索之用，教师亦可将评语打印出来用于课堂讨论。这种对学生作文的分析有利于培养学生的元认知意识、互动意识和修辞意识。教师可利用数据库中的作文，培养学生改错和反思作文的主动性，提高其自我纠错和自我反馈的意识；而不利的一面是，面对大量的评语，学生有时很难选出对作文修改有益的评语，难以对作文做出实质性的修改。一些研究者（DiGiovanni et al. 2001 等）对实时同步交流（real-time synchronous communication），特别是对同伴讨论会在写作中的作用，进行了研究。研究发现，学生在实时互动中提供反馈时，比在传统的同伴反馈中更能集中精力，受到的促动更多。Schultz（2000）的研究结果显示，当学生进行在线反馈时，能做出更多具体、局部的修改，而在面对面交流反馈时，则更多注重整体的修改。该研究中，接受这两种反馈组合的学生比接受其中一种反馈的学生更能利用反馈意见来修改自己的作文。Sotillo（2000）的研究比较了同步与非同步反馈方式对学生作文的影响，结果发现，在非同步写作中，学生的句法复杂性更高，这与他们将更多的时间用于写作有关。

另外一些研究者对电子反馈在修改作文中的影响做了研究。Tuzi（2004）对 20 名大学一年级学生进行了调查，结果显示，学生更喜欢教师的口头反馈。但研究者发现，学生接受了教师的电子反馈后，愿意对自己的作文做出更多、更频繁的修改，这些修改集中在分句层面、句子层面和段落层面，还涉及作文的组织和内容等整体方面的修改。有些研究者指出，用以计算机为中介传递的交流方式来替代传统的反馈方式，存在着一些令人担忧的问题。Lindblom-Ylanne et al.（2003）研究发现，以计算机为中介与同伴讨论自己的作文草稿时，芬兰学生感到紧张和有压力。另外，在使用计算机时，焦虑程度越高的学生，越愿意选择传统的反馈方式（Matsumura & Hann 2004）。而 Braine（2001）的研究结果显示，使用面对面交流反馈的学生，期末写的作文优于用网络交流的学生写的作文。他把这一现象归因于，学生面对多头绪的在线讨论，由于时间仓促，很难做出判断和选择。该研究发现，与 Liu & Sadler（2003）的研究结果一致，使用 CMC 的学生，特别是使用实时在线交流的学生，会给出大量反馈，但这些反馈大多针对作文表层的问题，对作文整体修改帮助较小；而面对面交流互动的学生，不像实时交流的学生那样要急于做出反馈，他们可给同伴更多有针对性的、正面的反馈。电子同伴反馈或教师反馈若能与传统的面对面的反馈方式结合使用,而不是用一种反馈替代另一种反馈,将会对学生修改作文发挥更好的作用。网络在为同伴反馈和教师反馈提供方便的同时,还为二语学生提供了网上交流和接受本族语同伴的反馈环境(Kern et al. 2000)。学生通过各种网站,可找到同伴或一对一交流的邮件伙伴,用目标语与本族语伙伴直接交流。这种互动和交流更能激发写作的灵感,更有利于学生表达自己的思想。在这种交流平台上,学生可能获得比自身水平高的语言学习支架。可见,这类互动和交流不仅为二语写作者提供了反馈,还为二语水平的提高和跨文化交际技能的培训提供了反馈。

2.作文自动反馈与评估

近十年来,越来越多的研究者开展了作文自动反馈的研究。这类研究大多由开发商业测试和教学材料的机构承担,往往侧重于写作表述层面。

到目前为止,虽然缺乏对自动反馈认知和社会维度的研究,但自动反馈的提倡者认为,随着时间的推移,自动反馈有助于阐释人们对写作中认知和社会互动过程的理解(Kukich 2000)。作文自动评估反馈系统是替代人工评估和反馈的既经济又有效的方式,为测试评估节省了大量人力。扫描学生作文并对作文做出即时评估的高级软件能为学生作文提供各种各样的反馈,如针对二语学生的语法错误(Warden & Chen 1995)和针对作文内容、组织、操作细节(Burston 2001)等的反馈。随着班级规模的扩大以及学生对个性化反馈或公正客观评估的期待,作文自动评估被看作替代人工评估的一种切实可行的方法。同时,人工作文反馈向自动反馈的转变也满足了教育测试机构大规模检测的需求。国内和国际上大规模的测试,任何方式书面反馈的使用,都需要耗费大量的人力物力,除了对评分者进行评分员间的信度培训外,还需对评分信度进行检验,而自动作文评分替代手工评分可大大减少评估的总费用。

目前，全球范围内加快推广 IELTS 和 TOEFL 机考，知名的国际语言测试机构已在开发和使用这类高级软件，其研发的目标是能够准确、高效率地自动评估作文。自动反馈系统中使用较多的是美国教育考试中心（ETS）研发的 Criterion-E-rater（Burstein et al. 2003）。E-rater 通过寻找词汇复杂性（lexical complexity）、句法多样性（syntactic variety）、主题内容（topical content）和语法错误（grammatical errors）来对作文进行整体性评估，并对语法、组织、文体和用法给出具体的反馈意见。E-rater 自 1999 年起进入实际操作，并于 2005 年开始用于 TOEFL 考试的作文评分，它能扫描学生的作文，针对作文的语法结构、文体、思想组织和文章内容提供实时反馈，并对作文进行整体性评分。E-rater 在自动评分过程中兼顾了作文的内容形式，是一种综合的自动评分系统。ETS 在此基础上创建了网络写作学习系统 Criterion。一些研究证明，E-rater 与人工评分之间的一致性高达 98％（Valenti et al. 2003）。Chodorow et al.（2004）对 TOEFL 考试中近 10000 份作文进行了评分，整体性评估结果显示，E-rater 与人工评分员之间的一致性相当高，几乎没有区别。

针对这些结论，Benentt（2006）提出，自动评分的可靠性需要认真核实，其研究表明，自动评分与人工评分之间出入较大，自动评分的分数明显高于人工评分的分数，同时自动评分的可靠性与作文任务范围的大小有很大的关系。McCurry（2010）的在线作文评估研究结果也支持了这一观点：自动作文评分的分数与人工评分所得的分数出入较大，如果不对作文任务的范围加以限制，会大大影响自动评分系统的可靠性，导致自动评分系统不如人工评分那样可靠。

另一个由 Vantage Learning 开发的自动反馈程序 MY Access!（Eliot & Mikulas 2004），已越来越多地用于公立中小学课堂教学中。像 E-rater 一样，学生可在计算机上张贴展示自己的多篇作文,并能获得作文的整体性评分。虽然 MY Access! 不具备 E-rater 那么高级的系统来提供个性化反馈,但它能提供一系列有用的写作工具,包括在线文件袋(online portfolios)、供作者检查作文的项目一览表(a writer's checklist)、字库(word banks)、拼写检查程序(spell checkers)和图表(graphic charts)等。在四个与 MY Access! 相关的研究中,研究者发现,5—11 年级的学生在使用此类程序后,作文水平有了显著的提高。但是由于受试不是被随机安排参加实验的,获得的研究结果只是初步的,有待进一步考证。

综上所述,作文自动反馈系统的使用大大节省了教师花在学生作文反馈上的时间,最快的人工反馈也无法与自动反馈程序提供的个性化反馈相比。对教师而言,原来用于给学生提供手工反馈或评语的时间,现在可用于写作教学的研究;而对学生而言,在较短的反馈周期里便能获得更详尽的反馈意见。但这类软件问世时间较短,对二语写作发展的作用与影响有待研究。一般来说,自动反馈软件因为并非绝对可靠(Krishnamurthy 2005)和未能遵循教学原则而受到一些研究者的批评。另外,自动反馈系统能否用于更多作文体裁的评估还需进一步验证。事实上,很多软件研发者认为,计算机自动反馈只能成为教师教学的补充手段,而无法替代教师在教学中的作用(Burstein et al. 2003;Ware & Warschauer 2006)。

3. 以语料库为基础的反馈

语言语料库和信息检索技术的发展,给写作教学带来了令人兴奋的新技术,给教师提供了其他来源无法比拟的语言资源,因此,计算机语料库在二语写作教学中变得日益重要。语料库收集了大量的语篇,通过计算机可以检索到所需的词语、短语或句型,使用检索软件可获得其使用频率以及与其他形式搭配使用的句型。语料库的这些特点给写作反馈提供了两种全新的方法:第一,学生在写作过程中可以直接使用语料库资源,这有利于学生学习自动性和主动性的提高,亦有利于学生对作文的自我反馈和修改;第二,教师反馈和学生作文可与检索到的相关文档关联起来,以便教师和学生查询使用。信息检索软件与写作过程的结合,让学生在写作的同时可直接访问语料库信息,这给了初学者一个认知支持的工具,用于检验自己的语言假设。现在,越来越多的在线资源,如 Google 等搜索引擎,可以用于帮助学生对自己的作文进行自我编辑。另外,文本检索可以帮助学生对具体语境中具体词语的选择做出限制和详细说明。有些用于创建文字的处理程序,如 Wordpilot 2000 (Milton 1999),Check My Words (Milton 2006)和 Word Neighbours (Milton 2004)等,让作者在写作的同时可随时双击来检索某个词语和短语,获取自己所需的信息。

目前,与语料库相关联的软件,让教师在提供反馈的同时,可随时查询和检索。教师把学生作文中的某个错误超链接到某个索引文件上,学生便能检查出他们词语搭配等出错的情况(Milton 1999;Hyland 2003)。例如,教师使用 Milton (2006)的 Mark My Words 程序,可在学生提交的作文中插入个性化评语,并将评语与在线资源连接起来,方便学生查询使用。该程序能识别词类和词语搭配,并给出提示的评语。教师在提供评语时若拿不定主意(如使用何语法术语),只需点击鼠标右键,便可在最短的时间里插入适当的评语。已有证据初步显示,学生能利用此类反馈意见修改自己的作文。Todd (2001)在泰国进行的一项研究发现,学生们通过在互联网上检索、查阅信息,能归纳和总结有用的句型,并自我修改常见的词汇错误。Gaskell & Cobb (2004)的研究中,教师把评语与在线检索连接起来,要求学生利用该系统自行寻找修改作文的方法。研究结果发现,学生能利用该系统修改自己的语法错误,这个自我修改的过程有助于学生反思各自的语言使用情况和检验自己的语言假设。

通过语料库的查询和检索，学生的责任感和主动性有所增强。学生是学习过程中的主动参与者，需要独立地找出修改错误的方法，并利用自己已有的知识来评判检索结果的对错。O'Sullivan et al.(2006)的研究表明，语料库检索能够帮助以英语为本族语的研究生修改法语作文中的错误，并有利于他们法语写作技能的提高。Chang & Sun(2009)在台湾高中里做的一项研究发现，在完成改错任务时，实验组中使用检索查询的学生效率明显优于控制组中不使用检索查询的学生。已有的研究表明，语料库在写作教学和反馈中具有很大潜力。我们认为，在反馈和真实语言材料的支持下，教师可适当放松对学生的控制，允许他们掌握修改作文的主动权，减少他们对教师反馈的依赖，并能针对教师反馈进行积极主动的反思，而非完全照搬照抄教师反馈的意见和内容，这些措施有利于学生学习能力、独立解决问题能力和写作技能的提高。

(二)形式反馈和内容反馈

形式反馈主要指对语法、词汇、写作规范等方面存在的错误提供反馈，因此也称为纠错反馈或语法反馈。内容反馈则是对写作的内容、组织、衔接连贯等进行评论。Fathman & Whalley(1990)调查了形式反馈和内容反馈的有效性。实验结果发现：无论有没有教师反馈，修改作文的过程本身就能帮助学生提高写作能力；语法反馈能显著帮助学生减少修改稿中的语法错误，但内容反馈的效果不显著；教师过多的反馈可能会影响学生情感方面的因素，导致写作流利性下降。在过程写作教学法中，多数教师认为对学生的作文应当先提供内容反馈，然后提供形式反馈。如果先提供形式反馈，则可能造成学生过度重视语法等表面错误，忽视对作文内容的修改。Ashwell(2000)对比了先内容后形式反馈和先形式后内容反馈两种模式对 L2 写作能力的影响，发现在 L2 写作能力上两组之间并无显著区别，但学生在语言形式上的进步比内容上的进步更为明显，说明形式反馈比内容反馈的效果更加显著。

虽然以上调查表明形式反馈在纠正学生修改稿中的语法错误方面有一定效果,但 Truscott(2008)等研究者认为形式纠错的长期效果甚微。主要原因是,虽然已知 L2 句法结构的习得遵循一定规则,但到目前为止,研究者仍无法详尽列出众多具体语法项目的习得顺序,而教师的反馈则是随意、盲目的。教师若不了解每个学生的"最近发展区",语法纠错反馈也就达不到预期的效果。而在实际教学中,由于每位教师都要面对众多学生,教学负担重,时间又有限,要了解每个学生的学习状况几乎不可能,因此对于教师而言,做到有的放矢地纠错实为难事。另外,反对纠错反馈的研究者还认为,坚持教师纠错反馈,忽视了学习过程的复杂性。实证研究表明(Carless 2006),学生有时很难理解反馈中的话语,也不清楚根据教师反馈应该采取何种措施改正错误。同时,Truscott(2008)的一系列实验结果表明,虽然学生在修改稿中会改掉初稿中的某些错误,但在新作文中还会犯同样的错误,总体写作能力与对照组相比无显著性差异,在写作的流利性上还稍嫌逊色。因此,鉴于很多教师把精力花在 L2 写作的语法纠错上,Truscott(2008)呼吁应停止语法纠错,把宝贵的时间花在内容、语篇等更有意义的方面。

支持 L2 写作中语法纠错反馈的研究者认为,纠错反馈不仅具有理论支持,实证调查的结果也表明其有效性(Bitchener 2010;Ferris 2006,2010)。反对纠错反馈的研究者认为,教师的反馈很难做到针对每个学生的 L2 发展阶段进行;而支持者则认为,通过对 L2 写作中反复出现错误的观察,教师可以了解每个学生的 L2 进展情况,使纠错反馈做到有的放矢。另外,通过对教师的培训,可以大幅度提高反馈语的质量,使其更具有针对性和可读性。现在一般认为,教师在评阅学生习作时,应该平衡语言形式和内容结构反馈(Ferris 2007;Lee 2008)。Hyland & Hyland(2010)指出,人为地分离语言形式和内容结构在理论上是站不住脚的,在实际评阅过程中更是不可能实现的。最重要的是,多次的问卷调查表明,几乎所有的学习者都声称希望得到教师的纠错反馈,并相信纠错反馈有助于提高 L2 语言能力。

(三)直接反馈和间接反馈

所谓直接反馈,就是教师不仅指出错误,而且直接提供正确答案;而间接反馈是指教师不提供正确答案,但通过其他方式表明有错误或问题等,让学生进行自我纠正。直接反馈主要有两种形式:一是针对错误只提供正确形式但并不解释错误原因;二是既提供正确形式又解释错误原因。间接反馈也有多种形式,有的只说明有错误或指出错误的数量,但未指明错误的具体位置;有的用各种符号(如下划线、圆圈等)标明错误位置;还有的只标出错误类型等。为了调查何种反馈更有效,研究者要么把直接反馈与间接反馈进行比较,要么把直接反馈中的两种形式进行比较,要么把间接反馈中的各种形式进行比较。

不少教师和研究者认为直接反馈是无效甚至是有害的。但是一些英语初学者者意识不到自己犯了哪些错误,即使发现了也缺乏对这些错误进行纠正的系统知识,因此教师提供直接反馈对学生还是有一定帮助的。教师可以为初学者或者不知如何进行纠错的学习者提供直接反馈,此外,教师也可以通过直接反馈提醒学生注意某种特定的错误形式。学生的书面交际能力是直接反馈指导的重心,而形式则不是学生需要重点关注的。直接反馈虽然不能使学习者的写作水平获得长期的明显进步,但学生的需求各不相同,因此有必要将直接反馈融入写作课堂。

但另一些研究者认为,学生的写作能力要获得长足的进步,教师应该为学生的作文提供更多的间接反馈而非直接反馈,因为间接反馈通过启发的形式来驱动学生更加关注他们写作中出现的问题。他们指出,与接受直接反馈为主的学习者相比,接受间接反馈为主的学习者出现相同错误的概率有实质性的减少。与直接反馈相比,间接反馈明显降低了学生修改后的作文中的错误率,表明间接反馈更有助于提高学习者作文的准确性。所有类型的错误中，91％的错误反馈是由学生在修改时完成的，81％的改正是因为学生回应教师正确的错误反馈。久而久之，间接反馈在帮助学生提供准确性方面会比直接反馈更有效。

有的研究结果表明，直接反馈与间接反馈对学习效果的影响差异不显著(Robb et al. 1986)。但总体来说，问卷调查的结果表明学生更加喜欢直接反馈，多数实证研究的结果说明直接反馈比间接反馈的短期纠错效果稍微好一些，而间接反馈由于能使学生花更多的时间和精力分析错误等，有利于长期学习。

(四)焦点性反馈和非焦点性反馈

焦点性反馈是指教师只挑选学生作文中的个别问题进行反馈；非焦点性反馈则是指教师对学生作文中所有或绝大部分问题进行反馈。Chandler (2003)、Ferris (2006)等研究者对比了焦点性反馈和非焦点性反馈对外语学习和写作的影响。虽然他们的实证结果在细节上稍有差异，但就改错而言，焦点性反馈比非焦点性反馈效果要好，因为从认知加工理论角度讲，注意力越集中在少数错误上，越容易将其改正。而在非焦点性反馈中，学习者需要关注很多错误，认知负担过重，注意力难以集中，因此难以把被指出的所有错误一一改正。不过，支持非焦点性反馈的研究者(Lee 2004)认为，指出学生所有或绝大部分错误可以帮助其减少外语学习中的石化现象。Ellis (2010)认为，虽然非焦点性反馈在短期的纠错能力上不如焦点性反馈有效，但由于它可以一次指出学习者存在的大量问题，如果教师长期应用此种反馈，非焦点性反馈很可能对长期学习更有利。

以上诸方面关于反馈分类的研究，主要是以教师反馈为对象进行介绍的，当然同伴反馈和自我反馈均可以按以上不同的分类方式进行反馈。针对不同反馈方式，研究者们的调查结果不尽相同。其原因是学生个人因素(如年龄、记忆力、学习风格、学习目标、个性特点、动机、学习焦虑、学习信念等)和环境因素(如学习环境、社会文化环境等宏观因素和学习活动、师生关系等微观因素)共同影响反馈的有效性。另外,对反馈有效性的研究不应只停留在对 L2 学习结果的测量上,而应更加关注反馈对学习动机、学习策略等学习过程的影响。除了从认知主义视角对反馈进行研究,还应更多地从社会文化观和建构主义学习观的视角研究反馈的有效性。

不同的反馈类型对外语教学的启示如下:①形式反馈和内容反馈并重。L2 写作教学毕竟有别于 L1 写作教学,如果说 L1 写作教学主要关注思想内容,那么 L2 写作教学需要既关注语言形式,又关注思想内容。②纠错反馈要有针对性。教师应了解每个学生的具体情况,从而做到有的放矢。有效的教师反馈应该具有准确性、针对性、指导性、激励性、适时性、多样性和交互性等特征。③重视自我反馈和同伴反馈。教学的最终目标是把学生培养成自我负责、独立自主的学习者,过分依赖教师反馈不仅达不到此目标,还会降低学生学习的主动性和积极性,因此要把培养学习者自我反馈和同伴反馈能力视为 L2 写作教学的重要环节之一。④教师培训迫在眉睫。教师反馈的成败在很大程度上取决于反馈方式和反馈质量。

第二节　同伴反馈

在 20 世纪 70 年代,"以过程为导向"(process-oriented)的写作教学逐步取代"以结果为导向"(product-oriented)的写作教学。在此背景下,同伴互评作为"以学习者为中心"的二语反馈模式从 20 世纪 90 年代开始被广泛应用于过程性写作中,成为目前外语写作教学领域的热点研究问题。

一、同伴反馈的概念

美国亚利桑那大学的 Liu & Hansen（2002）在 *Peer Response in Second Language Writing Classroom* 一书中对"同伴反馈"的定义是："把学习者作为信息源进行互动，并让其承担起教师、辅导员或编辑的作用和责任，在写作过程中以书面或口语形式对同伴的草稿进行评论。"其他研究者也从不同的角度对同伴反馈的概念进行了论述。同伴互评（peer review）是指学生们结成对子或小组相互交换阅读初稿并提出修改建议的教学活动（Mangelsdorf 1992），也被称作同伴反馈、同伴互评、同侪反馈、同伴反应、同伴评论、同伴评估和同伴编辑等。同伴反馈是指学生们在写作过程中为了得到写作指导和反馈而交换阅读写作草稿的一项写作修改阶段的活动（Leki 1990）。同伴反馈的核心思想是学生们对彼此写作的前几稿进行反馈，以帮助写作者获得更广泛的读者意识，并努力完善写作的最终稿。写作是一个不断进行的过程，也是一个交际的过程。同伴反馈是写作修改中的一项活动，学生可以在同伴反馈中收到来自其他学生（即同伴）的反馈意见。通常学生是以对或小组为单位阅读彼此的作文，然后提问并给出评价或建议的（Richards et al. 1998）。同伴反馈特指在写作的过程中，由学生代替教师在修改中的角色，可以通过书面和口头两种形式对同伴的作文进行修改（樊洁 2011）。

在英语写作教学中提倡同伴互评有两大原因。一是中国英语教学改革的方向。大学英语的教学目标之一就是增强学生的自主学习能力。就写作教学而言，Allwright 认为，可以使用同伴互评来提高学生的自主性（1988，引自 Dheram 1995）。二是英语写作教学自身的改革。多年来，在中国占据主导地位的是注重范文模仿和背诵的结果教学法（吴锦，张在新 2000）。在这一忽视写作过程的方法中，学生通常只写一稿，教师是学生作文的唯一评阅者。

近年来,越来越多的中国教师对过程教学法产生了兴趣,并尝试把它运用到教学中去。

　　同伴反馈是过程写作教学法不可或缺的环节之一,是写作过程(初稿、反馈和修改)的有机组成部分,究其实质,同伴互评反馈机制是作者和读者共同协商、共同构建写作文本时呈现出的一种社会交互范式,主要表现为同伴之间在写作过程中进行信息交互和协商,它是写作过程的核心,目的是"帮助学生增强读者意识,降低写作焦虑,弥补自己作文中的不足,促进文本输出的质量"(Stanley 1992)。学生完成初稿后,同伴及时给出反馈信息,这对整个写作过程起决定性作用。其一,它可唤起作者的读者意识,便于作者了解读者对自己文章的期待和评价态度,从而使作者明确自己写作的真正交流目的,增强写作动机和兴趣;其二,以共同交互、协商为主要表现形式的同伴互评,不仅可使作者的认知图式得到丰富,纠错能力得到增强,信息加工深度得到提高(张英等2000),而且更能促进学生社会认知能力、社会交互能力及文本构建能力的发展;其三,同伴互评反馈模式能够激发学生的自主学习热情及合作学习精神,可以活跃课堂气氛,培养学生独立思考、发现问题和解决问题的能力。大量研究表明,同伴互评反馈活动有助于培养学生的批判性思维能力,激发学生写作兴趣,降低写作焦虑感,增强其纠错能力,进而提高写作文本质量(Rollinson 2005;Lundstroms & Baker 2009)。

二、同伴反馈的实证依据

　　同伴互动对二语学习的促进作用得到了大量实证研究结果的支持,主要表现在以下三个方面。

(一)同伴互动增加了学习者尝试使用语言的机会

　　在二语/外语语境下的同伴互动中,学习者彼此之间使用目的语,因此会尝试各种可能性来表述意义。在这一过程中,学习者能够运用不同方式尝试使用语言,包括第一语言、反馈、元语言知识及隐性知识。学习者从自己了解的语言着手,共同合作修正单词和短语以回应他人的反馈,从中获得语言规则的显性知识,他们还彼此提供协助以解决在交际语言使用中遇到的问题。

　　Donato(1994)对3名母语为英语的法语学习者合作准备口语任务时的对话进行了微观分析,发现同伴学习者会互相搭建支架,他们反复尝试如何才能使用正确的形式表达意义。这一共同的努力和积极的尝试能够对语言学习产生中介作用。由于它强调共同的话语转化为内化信息的过程,因此被 Donato 称为"集体支架"。同伴互动通过重复、改正以及提供可替代形式等方式尝试使用语言,最终每个人都对解决问题起到了促进作用。在类似的另一项研究中,Swain(1995)描述了两名法语学习者进行互动对话的例子,学习者通过共同搭建支架,成功产出了目的语句子结构。Swain 认为两名学习者从个体来看都是新手,但是进行合作后却成了专家。他们在解决语言问题相对复杂的活动中互相协助、彼此引导,最终共同完成任务。Storch(2008)基于课堂探究了学习者结对进行文本重构任务时使用的元话语(meta-talk),通过分析不同类型的语言相关事件(language-related episodes,简称 LREs)来分析学习者在语言选择方面的参与程度以及它对随后的语言发展可能产生的影响。具体来说,研究者通过分析结对互动的 LREs 的文字转录,将 LREs 进行分类:基于形式的 LREs(词素和句法的讨论);基于词汇的 LREs(单词意义和单词选择的讨论);机械性LREs(拼写和标点的讨论)。在这一过程中,学习者会关注 LREs 的不同方面,并且会采用一系列资源来解决困难。

　　当学习者在同伴互动过程中通过不同的方法尝试使用语言时,学习者协商或者关注语言的不同方面(如词汇、发音),并且使用不同的资源来解决问题。通过这一过程,学习者深入参与到问题的解决方案中,将形式与意义结合起来,最终促成语言习得。

(二)同伴互动给学习者提供了修正语言的机会

在同伴互动过程中,使用目的语进行交际能够促使学习者产出更加复杂或者准确的语言形式,反思其语言使用方式,并且调整或修正语言产出(Mackey 2012)。尽管总体而言,同伴互动中的纠正反馈频率并不高(纪小凌,陆晓 2014),但是学习者能够互相纠正错误,并且调整自己的话语,以回应其他学习者。在同伴互动中存在的纠正反馈及修正性输出也会促进目的语形式的产出(王丽 2010)。Bruton & Samuda (1980)进行了一项持续一周的小规模课堂互动研究,在这一研究中,学生在没有教师支持的情况下共同解决问题,完成任务。研究发现,除了自我修正之外,学习者能够纠正彼此的错误并且使用一系列策略,包括显性和隐性修正,这促使参与谈话者修正最初的表述。与此相似,Gass & Varonis (1989)在密集型英语项目中分析了 10 对母语为日语的中级学习者互动时进行的语言修正。结果发现,这些中级水平学习者能够用目的语就各个方面互相提供纠正反馈、意义协商以及修正性输出,学习者的修正会指向目的语形式,最终促进其二语水平的发展。尽管学习者还不能够产出目的语形式,但他们却能在与同伴互动的过程中意识到哪些目的语形式是正确的,哪些是不正确的。近期有关反馈的研究关注纠正反馈、意义协商、修正性输出以及它们与二语发展的关系(Adams 2007;Adams et al. 2011)。这些研究清楚表明了同伴互动和本族语者—学习者互动之间的差异。研究显示,在同伴互动中存在较少的纠正反馈,而修正性输出要多于纠正反馈。当然这并不能说明学习者不能为同伴纠正非目的语形式,因为学习者有可能是为照顾同伴面子而故意避免纠错(Fujii & Mackey 2009;Philp et al. 2010)。Foster & Ohta (2005)的研究发现,虽然学习者之间并没有进行太多的意义协商,但他们能够在未被催促的情况下修正自己的话语。这通常被认为是自我发起的修正,并且也是在 Buckwalter(2001)和 McDonough(2004)等研究中观察到的最频繁的修正类型。

（三）同伴互动促进了学习者语言产出的流利性

流利性被用来描述高水平或本族语者在言语产出中的表现。由于在同伴互动中缺少频繁的纠正反馈和语言问题的讨论，因此"练习"成为促进学习的方式。同伴互动作为语言练习的方式能够为学习者提供进一步完善第二语言的情境。对比教师—学习者以及同伴互动的持续性研究，学习者在同伴互动中会产出更多的语言。相较于与教师进行互动，与同伴互动会产出更多、更长的话轮（Pica & Doughty 1985）。已有实证研究表明，同伴互动中的重复练习能够促进学习者语言流利性的发展。言语产出中的流利性，通常从速度、流畅性及准确性三方面进行描述（Segalowitz 2000）。人们普遍认为，为了提高流利性和自动化，学习者需要重复练习（McLaughlin & Heredia 1996）。同伴互动使得学习者有更多机会互相交流，持续重复练习能加快学习者提取语言的速度，并促使语言知识图式化（Ellis 2005），从而使语言产出过程更加自动化。也就是说，通过不断重复相同的序列，学习者可以更加有效、更加快速地产出目标语言的形式和句子。

Philp et al.（2010）进行了一项持续 3 周 12 个小时的有关大学法语课堂的分析。其中学习者在开始谈话时使用了错误的助动词，在经历一系列尝试、重复之后调整了自己的输出来包含目的语助动词。研究表明，学习者在这一较长的互动过程中对于目的语助动词的使用更加连贯。Adams（2007）的研究表明，在与同伴的交流中，通过不断地与目标项目进行接触，学习者参与了与同伴的交互式练习，并且可以用在此过程中获得的纠正反馈加强对形式和意义联系的理解，以此发展和提高对目的语知识的掌握水平。但必须指出，流利产出中的前进和倒退被描述为"U 型行为"（McLaughlin 1990），这表明在有意义的语境中与同伴进行重复练习促进第二语言发展的过程并不是直线型的，不应该预期练习时

间和语言学习之间存在着简单的关系（Lightbown 1985）。根据
McLaughlin & Heredia（1996）的研究，练习会产生两种截然不同
的效应：一方面，同伴互动练习促使各项语言技能更加自动化，从
而促进语言的流利性；另一方面，大量练习会导致学习者语言的重
构，流利性会因此而下降。

三、同伴反馈与其他反馈方式的比较

写作反馈的形式主要包括自我反馈、教师反馈、同伴反馈和计
算机网络辅助反馈。目前在我国英语教学的写作课堂中，教师反
馈占主导地位，同伴反馈和网络辅助反馈的使用相对较少。然而
近年来，传统的教师反馈方式因效果不佳而不断受到质疑，对同伴
反馈、网络辅助反馈的研究则揭示了两者的科学性和可行性。当
然，任何一种教学方法或教学模式都有其优越性和局限性，下面将
具体比较这三种反馈方式的特点及效果。

（一）同伴反馈与自我反馈比较

Storch（2005）做了一项基于课堂的研究，比较了两组高水平
英语作为第二语言学习者的习作。这两组学习者可自由选择独立
或结对完成一项写作任务。其中 18 个学生选择结对作业，5 个学
生选择独立完成。所有完成的写作文本都经过一系列量化和质化
分析。量化分析维度包括流利度（写作的总字数）、准确度（正确的
从句和单词所占的比例）及复杂度（如从句中的从句所占的份额）。
同时，这些文本又用 5 个量度表进行综合评价，将篇章内容、结构
及任务完成度考虑进去。研究发现，结对小组完成的篇章偏短，但
是内容更精确，句法结构更复杂，文本结构更完善，且要点也更加
清楚。但是由于此研究的样本数量较小，这些差异在数据上并未
呈现显著性差异。

Wigglesworth & Storch（2009）开展了一项大型的实证研究，
比较了分别由 48 个结对小组和 48 个学习者独立完成的篇章，所

有被试都是以英语为第二语言且处在高级水平的学习者。类似于Storch(2005)的研究,该研究对所有篇章只采用了量化分析。研究发现,根据数据分析,语言流利度和复杂性方面,结对完成和独立完成的篇章没有显著性差异,但结对完成的篇章语言更加精确且数据呈现显著性差异。基于对结对交流的分析,Wigglesworth & Storch 将此结果归因于协同写作使得学习者更关注语言使用和相互反馈,结对合作使得学习者在表达意义的过程中考量自己及其同伴的语言使用情况。尽管学习者在单独写作过程中也在使用语言(Kim 2008),但结对合作最显著的优势也许是为学生提供便利,使他们在遇到问题时可以集中各自所掌握的语言资源。使用语言是习得语言新知识以及巩固现有二语知识的方法之一。合作写作可帮助产出更精确的文本,继而带来语言学习方面的收获。

(二)同伴反馈与教师反馈比较

同伴反馈和教师反馈的比较很早就受到研究者的关注。由于对同伴反馈的质疑,早期的一些比较研究普遍倾向于教师反馈。Partridge(1981)指出教师反馈更有效,学生对同伴建议的质量和准确性都表示怀疑。Chaudron(1984)在比较了教师和学生所提的修改意见后,发现教师反馈和同伴反馈对于学生修改自己的作文都没有帮助,但学生对来自英语本族语的同伴反馈持正面看法。Connor & Asenavage (1994)发现,和教师反馈相比,同伴反馈在作文修改的数量和类别上都差一些,效果不明显。Zhang(1995)的研究表明学生更倾向于教师反馈,对同伴反馈和自我评测的接受度较差。Paulus (1999)考察了同伴和教师评测对 11 名 ESL 学生作文的影响,结果表明,在第二稿中同伴反馈的贡献占到32.3%,在第 3 稿中只有 1%。两次修改中,同伴反馈的比例也只占到 13.9%,远小于教师反馈的 34.3%。Tsui & Ng (2000)的研究也表明学生更倾向于接受教师反馈,但认为阅读同伴的作文比单纯地阅读教师的评语更有利。访谈表明,学生对教师更加信任,同时也认为教师的反馈质量更高。但相关研究表明,同伴反馈也有自己的优势。例如 Paulus(1999)的研究表明,和教师反馈相比,学生在词汇、文章组织和内容方面的修改意见更有助于作文的改进。Caulk(1994)发现 89% 的学生能够给出有效的修改意见,而且和教师反馈相比,他们的修改意见更加明确具体。Mendongca & Johnson(1994)发现,学生认为老师提供语法修正更多一些,而同伴对内容提出的修改意见更多,杨苗等(2006)的研究也证实了这一点。Matsuno(2009)的研究表明,相较自我评测而言,同伴反馈的能力独立于评测者本身的写作能力之外,因此同伴评测是可靠的。大多数同伴反馈者互评时的前后一致性较好,偏见也较少。

综上,Jacobs(1998)等的观点更为客观。他们指出,不能把同伴反馈和教师反馈对立起来,他们不是非此即彼,而是相互补充的关系。杨苗(2006)也指出,由于增强了学生的自主性,同伴反馈扮演着一个非常重要的角色。因此,我们无需探究同伴反馈、教师反馈哪一个效果更好,而更应该关注这两种手段的各自优势,探讨如何相互结合、综合运用。大多数研究者建议同伴反馈最好先于教师反馈。学生也表示愿意先接受同伴反馈再接受教师反馈,原因在于,在事先没有教师反馈的情况下他们才能自由地表达意见,而且先有了同伴反馈之后,教师的反馈意见还可以间接地评判同伴反馈的准确性。

(三)同伴反馈、教师反馈、计算机辅助反馈比较

20 世纪 50 年代,有学者对教师批改学生作文和教师指导下学生互评作文的效果进行了比较,结果发现后者的效果好得多。之后的 60 多年中,国内外研究者对同伴反馈的实际应用效果开展了系统深入的研究。他们认为,教师反馈这种单向交流方式不能有效实现真正提高学生写作水平的目的。"教师们通常花费大量的时间和精力对学生作文给出修改意见和评语,而学生们却经常对教师的反馈意见断章取义、生搬硬套,甚至置之不理,在修改文

章时敷衍了事。这种单向的、被动的反馈方式无疑对提高学生的写作兴趣和激发学生的创作热情毫无帮助。"(周一书 2013)相比之下,同伴反馈则获得越来越多的研究者、教师的推崇与青睐。他们发现,在同伴反馈过程中学生通过面对面的交流、协商和讨论,以一种双向、主动的反馈方式逐步把想表达的意思准确地表述出来,在完成评改任务的同时优化了写作效果;同时,学生的自主学习能力和合作精神得到了很好发挥,写作水平和思维能力也得到了较大提高。他们也指出,同伴反馈虽然能够弥补教师反馈的多种缺陷,但还是难以避免局限性。其中,同伴反馈的正确性、公正性和有效性受到的质疑最多,其在写作课堂上的实际可操作性也有待进一步验证。

在近几年的写作反馈研究中,研究者顺应现代化教育技术飞速发展和计算机网络普及的趋势,提出了网络反馈法。这种反馈方式是在网络技术发展背景下对教学法的灵活运用,是现代化教育技术的生动体现。研究者们从网络资源利用,网络背景下的师生互动和写作软件开发、应用等方面探讨了网络反馈对写作能力培养的重要作用。他们发现,在写作反馈过程中加入软件反馈和自动评分系统反馈,同时配以网络这一海量信息库作为写作信息源,"可以明显激发学生的写作兴趣、丰富写作内容和提高语言质量"(蔡基刚 2011)。但是,随着教学和研究的深入,网络反馈的可行性、真实性与有效性也同样受到了质疑。

总之,综观已有的写作反馈研究,研究者无论是单纯探讨同伴反馈在写作教学中的有效性,还是对比教师反馈和同伴反馈各自的利弊,或是借助现代化教育技术验证网络环境下写作反馈的科学性,都从不同角度,采用不同方式验证了写作反馈对英语写作教学的促进作用以及对学习者写作能力的提高作用。然而,究竟何种反馈方式最有利于写作水平的提高,同时也最能为学生所接受,研究者们莫衷一是。

1. 反馈内容特点比较

同伴反馈和计算机辅助反馈的评改意见主要受学生语言水平、个人经历和反馈信息获取的途径等因素影响。同伴反馈的实施过程是一种面对面的交流过程,组员在讨论如何修改一篇文章时主要运用自身掌握的语言知识和技能集思广益,而后达成统一的修改意见。他们的反馈受时间、地点和自身认识的限制,不可能对文章的结构、内容等方面提出较多修改或扩充意见。因此,研究者发现同伴反馈通常能对文章的词汇和语法进行细致、深入的讨论,对结构、内容方面的反馈则显得有点力不从心。张双祥(2007)的研究发现,学生进行同伴反馈时就文章的结构、内容提出的修改意见远远少于其对语法、词汇的意见。计算机辅助反馈由于可以使用网络资源,讨论一篇文章时可以随时通过网络的搜索、浏览等功能对文章的题目与要求获得更深入的了解,因此能更全面地认识文章的结构、内容等。与此同时,由于将注意力都放在了文章的篇章布局和语言表达上,对语法的关注就相对减少了,因此,在计算机辅助反馈过程中学生对语法错误的修改明显少于对文章结构、内容等错误的修改。蒋宇红(2005)的研究结论为,同伴在线评价修改方式在促使学生改进文章的内容、文章的布局和组织结构、文章风格以及改正语法错误方面具有很大作用。

2. 学生对三种反馈方式的评价

周一书(2013)的调查发现,学生对 3 种反馈方式都持肯定态度。对教师反馈的满意与接受程度最高,说明学生对教师反馈评阅方式已经非常熟悉,对教师评价的信任度很高,也反映了教师指导在学生写作学习过程中始终起着至关重要的作用。然而,在缓解写作焦虑程度方面,教师反馈明显弱于其他两种反馈方式,学生对教师评阅存在一定的畏惧心理。传统的纠错批阅模式和打分批阅模式使学生担心作文得不到高分,害怕自己作文本上满目的红色修改被他人嘲笑,因而对教师的批阅紧张不安。同伴反馈和计算机辅助反馈对缓解写作焦虑的作用明显，这两种反馈方式有助于减轻学生写作时的心理压力，有利于他们更好地表达自己的意见和理解别人的建议。增强写作兴趣的评价与缓解焦虑程度的评价结果相同，同伴反馈和计算机辅助反馈以其灵活、平等的交流方式充分发挥了学生的自主能动性和学习积极性，计算机辅助反馈因其新颖、便利的在线交流方式更是令每一位学生避免了害羞、怕得罪人等负面情绪，使他们能积极主动地参与文章评改的讨论。蔡基刚（2011）的调查指出，同伴反馈法能增强学生的写作兴趣和掌握英语写作技巧的积极性。

绝大多数学生认为三种反馈方式都有助于提高写作能力。少数持否定态度，对此，他们的解释主要是不理解和不认同反馈意见，不知道在二稿修改时该如何改进文章；还有一名参与同伴反馈的学生表示，在进行小组讨论时不能与其他组员达成一致意见，因此对同伴反馈的建议持怀疑态度。

对于是否继续使用原反馈方式这一问题，教师反馈组中持肯定与否定态度的学生各占一半，这说明学生对教师评改有着一种难以割舍的信任和依赖情感，但也对新的反馈方式抱有既怀疑又希望尝试改变的态度。这种矛盾心理是中国学生的典型性格特征，是学生受传统教育模式影响的真实反映。学生普遍相信教师的纠错能力和评改经验，对教师知识的准确性和评改的权威性早已深信不疑；同时，他们对自己和同伴的语言水平、语言驾驭能力缺乏信心，被动的学习态度和中庸随和的为人处世方式也让他们对新的反馈方式产生畏难情绪。这一结果充分说明了在实施新的反馈方式之前反馈培训、操练的重要性以及教师指导、监督的必要性。学生熟悉评改流程、掌握评改技巧之后，这种畏难情绪就大大减少了。在同伴反馈和计算机辅助反馈组中，一半以上的学生赞成继续使用当前反馈方式，大部分学生希望能够改进并继续使用原来的反馈方式（周一书 2013）。

3.三种反馈方式对学生写作技能提高的不同作用

学生希望使用不同反馈方式的倾向性更为明显,这充分反映了学生对不同写作反馈方式的需求。学生均表达了希望灵活使用不同反馈方式的意愿:一方面,他们希望获得教师确切、权威的评价;另一方面,同伴间平等的交流和丰富的信息来源可以让他们在享有更加轻松自由的创作空间的同时,实现写作内容的充实和语言质量的提高。教师指导下不同反馈方式的灵活综合运用,可以使每一种反馈方式的优势得到最大程度的发挥,从而保证反馈对提高写作水平的有效性。一位受访学生给这种综合运用不同反馈方式的方法做了很形象的比喻:"教师就像放风筝的人,学生就是被放的风筝。要让风筝飞得更高更远,放风筝的人应根据风向和风力调整线的松紧,但不能把线割断。"

三种反馈方式对学生写作技能提高的不同作用如下:①教师反馈提供的客观、准确的宏观分析对学生写作的篇章布局、整体结构有更好的指导作用,教师的修改和评价也比其他两种反馈方式更能使学生信服;②同伴反馈和计算机辅助反馈以其灵活、轻松的讨论方式,在对同伴文章进行语言表达润色和思想内容丰富方面明显优于教师反馈,在减轻写作焦虑、提高写作兴趣和培养合作精神方面的优越性也是教师反馈不可比拟的;③计算机辅助反馈因其便利的操作方式和丰富的网络资源,对文章结构改进、内容丰富和语言修饰有着不可忽视的积极作用,但对语言表达细节(如拼写、语法等)的重视则稍显不足。

4.灵活运用反馈方式,充分发挥每一种反馈方式的优势

虽然教师反馈、同伴反馈和网络反馈的实施步骤、要求与方式各不相同,学生对三种反馈方式的熟悉程度和接受程度也不一样,但它们都能对学生的写作水平、语言技能起到提高作用。学生进行同伴评改和网络评改时,由于认知水平、语言技能和性格爱好等个体差异,往往只是评改文章的某些方面,而不能对文章进行比较

全面的分析。同样,教师反馈这一单向的反馈方式因为理解、接受教师意见方面的困难,也无法保证学生对文章各方面都能有效改进。由此,在写作教学中我们要充分考虑学生认知能力、语言水平等方面的差异,灵活运用适合不同学生的多种反馈方式。三种反馈方式各有优势,只有灵活、恰当地把它们结合起来用于写作教学,才能充分发挥它们的作用,保证作文评改的客观性和合理性。同时,大部分学生表示希望使用不同反馈方式进行写作评改。

作为课堂教学的组织者和管理者,教师在写作反馈中应充分发挥引导、协调和监督作用。教师不应是令人敬畏害怕的权威评分者和监督者,而应是能与学生平等交流的指导者、参与者、组织者、协调者和读者(郭燕,秦晓晴 2010)。实施教师反馈时,教师应与学生建立友好平等的合作关系,将深奥、笼统的评改建议表达得更为浅显和具体,确保学生能够理解和接受反馈意见。实施同伴反馈和计算机辅助反馈时,教师应通过合理分组、系统培训、实时监督、灵活协调等方式,引导学生积极参与小组讨论,重视培养学生的读者意识、合作精神和创造能力,及时解决反馈过程中的各种矛盾和冲突,保证反馈的有序、高效实施。此外,教师尤其应对网络反馈过程进行实时监控,防止学生遭受网络不良信息的误导,严格控制反馈时间,密切关注讨论话题。写作反馈是写作教学中必不可少的关键环节之一。教师反馈、同伴反馈和计算机辅助反馈对学生写作技能分别具有不同的影响。据此,写作教学中应该建立灵活多样的反馈机制,充分发挥每一种反馈方式的优越性,尽量减少每一种反馈方式的局限性,真正形成合作互助、教学相长的良好写作教学氛围,从根本上激发学生学习的主观能动性和创造性,从而有效提高学生的写作水平和语言综合应用能力。

第二章　同伴反馈的理论基础

同伴反馈作为一种双向和主动的反馈方式,得到了过程写作论、最近发展区理论、二语习得的互动论和合作学习理论的支持。过程写作教学法注重写作的全过程,强调修改是写作过程中极为重要的一个环节,认为写作过程实质上是一种群体间的交际活动,而不是写作者的个人行为。Vygotsky 的最近发展区理论认为学习者可通过与同伴的相互合作,学会解决在其所处的发展阶段还不能独立解决的问题。二语习得的互动论是指学习者在学习语言知识时通过频繁的交流和互动,最终达到提高语言交际能力的目的。合作学习理论的核心思想是语言学习是一种结构化的小组协作形式,它基于小组成员的互相依赖和信任,共同承担责任,通过社交技巧完成共同的任务。

第一节　过程写作论

同伴反馈的理论基础之一是过程写作论。它始于 20 世纪 70 年代,以学生为中心,以交互理论为基础,强调写作过程。过程写作论包括五个部分:写前准备、写初稿、评改、修改和完成终稿(见

图 2-1)。写作过程分为四个阶段,即准备阶段(prewriting)、草稿阶段(drafting)、修改阶段(revising)和分享阶段(sharing)。过程写作法与注重写作格式、句子模式的传统写作法相比,更注重写前的思考、讨论和写后的修改、与他人分享的过程。

写前准备　　　　Brainstorming
　　　　　　　　　　↓
写初稿　　　　　　First draft
　　　　　　　　　　↓
　　　　　　　　　Feedback
　　　　　　　　　　↓
评改　Teacher feedback　Peer feedback　Self feedback
　　　　　　　　　　↓
修改　　Necessary negotiation or discussion
　　　　　　　　　　↓
完成终稿　　　　Revision/Final draft

图 2-1　过程写作论的五个部分

过程写作法是美国西北大学教授 Wallace Douglas 在 20 世纪 70 年代首先提出的。他指出:写作是一个过程,写作课教授的应该是构成写作过程每一步的操作方法。它以交际理论为基础,将写作过程视为复杂的心理认知和语言交际过程,强调学生发挥写作主体的主观能动性和反复修改在写作过程中的重要作用。过程写作法重视写作过程,将学生视为教学活动的主体,以学生为中心组织教学。教师只是教学活动的组织者和引导者,帮助学生解决问题,引导学生顺利完成写作任务。它要求整个写作过程在学生与教师以及学生与同伴间的相互交流、讨论下完成。学生根据反馈信息,反复修改作文,进而提高自己的认知能力、思维能力和写作能力,从而达到写作的真正目的。

过程写作教学法出现之前,占据主导地位的是传统的结果教学法。结果教学法强调写作的形式多过意义,强调写作结果而非写作过程。而写作实际上是一个复杂的心理认知和语言交际过程,并且这个过程是循环往复的,其中包含很多的子过程,这些发现促进了过程教学法的出现。过程教学法把写作看作一种语言技能的练习，把写作能力的发展看作一种无意识的过程，在这个过程中教师促进了写作技能的练习（Badger & White 2000）。结果法关注的是学习过程的最终结果，即成为一个流利的、高水平的语言使用者必须具备的语言知识，而过程法则关注能够促进语言使用技能发展的各种各样的课堂活动（Nunan 1995）。结果法中，教师关注的是成品，即学生写好的文章，对学生作文的评改是教师的主要任务和特权，而在过程法中，教师关注的是如何帮助学生把握好写作的不同阶段（写前准备、写作和修改），并使用各种策略来完善自己的作文（Zamel 1987）。

目前写作过程分为四个阶段：

①写前准备（prewriting）：写前准备是一个输入阶段，主要是学生进行构思的阶段，教师通过各种活动，如小组讨论、启发性提问等，使学生就某一主题获得尽量多的素材；

②写作阶段（composing/drafting）：学生就上一阶段中得到的信息进行整理，并拟定写作提纲，在此基础上进行初稿写作；

③修改阶段（revising）：在完成初稿后，学生再次在教师的指导和组织下，以分组讨论等形式与教师或其他同学讨论自己的初稿，并按照他们的意见和建议进行修改；

④编辑阶段（editing）：在这一阶段中，学生对修改后的文章进行最后润色，并做适当的补充和删节。过程教学法的四个阶段并不一定是按顺序进行的。

在任何一个阶段，学生都可以回到上一个阶段或者最初阶段。教师只为学生完成写作过程提供便利，并不注重信息的输入，写作过程中学生与学生及教师与学生之间的商讨、对学生作文的批阅、讲评等都是课堂写作教学中不可分割的组成部分。随着心理语言学的产生，越来越多的教师开始尝试把过程教学法运用到英语写作教学中来。过程写作教学法强调"写作是一个不断挖掘深化、不断修改提高的过程"(李森 2000)。众所周知,完成一篇作文需要经过多次修改,修改是一个复杂的过程,其结果既取决于作者的写作能力,也和他在这个过程中所接受的指导有关。这里的"指导"不仅指教师的指导,还包括学生之间的互评(Hedgecock & Lefkow 1992)。过程教学法是传统教学方法的一种改变,是教师教学方式和学生学习方式的一种改变。通过学者们的探索和研究,过程教学方法的关键也应该是写作教学过程中师生之间、生生之间的交流活动。过程教学法体现了以学生为本的教学理念,发挥了学生的主体作用,增强了学生的写作兴趣,弥补了写作教学中的不足。

第二节　最近发展区理论

在 20 世纪二三十年代,Vygotsky 在研究教学与发展问题时,为避免与"现有发展水平"这一概念发生混淆,提出了反映二者内在联系的重要概念——"最近发展区"。"现有发展水平"指"一定的已经完成的儿童发展周期的结果和由它形成的心理机能的发展水平";"最近发展区"指儿童"正在形成、正在成熟和正在发展的过程"。Vygotsky 指出:"我们至少应该确定儿童发展的两种水平,如果不了解这两种水平,我们将不可能在每一个具体情况下,在儿童发展进程与他受教学可能性之间找到正确的关系。"(包著红 2010)"最近发展区"理论的实质是:"儿童在其发展的现阶段还不能独立解决问题,却能借助成年人或具有相关知识的同龄人的指导与合作来学会解决。"因此,"……在儿童那里,发展来自合作……这是一个基本事实……教学对于发展的全部意义正是以此为基础的,而且,这一点实际上又构成了'最近发展区'概念的内容"。这意味着,教师应重建教学内容以及学习活动的结构,从而使教学有效地作用于学习者心理发展的潜在水平,即心理的"最近发展区";同时,教师应注意到学习者是在社会交往与相互合作中发现、学习、掌握并运用知识的。总之,Vygotsky 强调学习的社会性以及教师和同伴对促进个人学习所起的重要作用。Vygotsky 所揭示的促进发展的教学时合作为基本形式,它对现代建构主义,特别是社会建构主义有重要的启迪作用。

Vygotsky 的最近发展区理论对英语写作教学中同伴反馈的实施也有着重要启示。从心理上来说,同伴反馈给作者与读者提供有利的环境,双方都在各自的"最近发展区"进行合作(景晓平 2005)。该理论认为学生的主体作用是教师、同伴和社会互动等因素对学习者的知识建构的影响,注重其对学生的认知能力提高的积极影响。在同伴反馈中,学生通过彼此间轻松、即兴的谈话,为对方的作文提供修改意见,这种做法同样可以培养学生分析和修改自己作文的能力(Chaudron 1984)。多角度的反馈可以促进学生的自我认识,了解自己和他人理解的差距可以激励他们尽力缩短差距,促进学生间的相互学习和交流。同伴反馈还可以培养学生写作时为读者服务的意识,帮助他们养成修改作文的习惯(Keh 1990)。多次修改可以使学生对评价标准更加了解,保证学生在写作过程中保持活跃的状态。根据 Vygotsky 提出的最近发展区理论,写作水平是可以通过同伴的相互帮助来提高和发展的。有效的同伴反馈是帮助新手作者理解读者如何看待自己文稿的关键。相互修改可促进语言习得,提供可理解性的语言输入,给学生提供使用语言、检验语言假设和根据同伴反馈来修改和写作的机会。

第三节 二语习得的互动论

20 世纪 80 年代中期,二语习得理论中出现了 Krashen 的输入假设、Long 的互动假设和 Swain 的输出假设。Krashen(1982,1985)的主要观点是可理解性输入对二语习得来说是必需和充分的,有了足够的可理解输入,语言习得就会自然发生。Long(1981,1985)的互动假设建立在 Krashen 的可理解性输入的基础上,不同之处在于 Long 认为可理解性输入是需要条件的,交互协商可促进可理解性输入及语言习得。同时,互动以有效的方式连接了输入、学习者的内在能力以及输出(Long 1996)。Swain(1985)基于教学实践提出了输出假设,她认为,虽然充分的输入是习得目标语的前提条件,但学习者必须获得大量语言输出机会,即教师在实际教学中应通过设计语言任务来创设类似真实的交际情境,使学习者在完成任务的过程中使用目标语表达其真实的交际意图。Swain 的输出理论实际上强调了输入与输出的交互、语言与元语言的交互。

一、早期互动假说

互动假说是指在对话交流中话语调整可以提高输入理解,可理解性输入能提高语言习得,从而得出话语调整可以提高语言习得。Long 的互动假说中的互动并不是现在被泛指了的人与人之间的社会调整,而是在交流中语言能力较强的说话人对话语结构的认知调整(赵飞,邹为诚 2009)。Long 进行过一个实验来说明他的理论。在实验中,16 对本族语者和 16 对本族语者与非本族语者完成同样的面对面的口语任务。结果显示两组成员在语言和语法难度上几乎没有区别,但从说话策略和语言功能的角度上看,两组成员有重要区别。为了解决交流中遇到的障碍,本族语者和非本族语者组更加依赖于谈话策略,如重复、确认、要求解释等。在语言水平高的说话者和语言水平低的说话者谈话时,语言水平高者不会下意识地去教对方语法知识。帮助非本族语者的最佳途径是双方通过谈话策略努力合作交流,进行话语调整,也就是互动。为了最大限度地实现理解的目的,谈话双方尽量地调整自己的话语进行意义协商,从而使谈话内容更接近非本族语者的现有水平,也就是输入假说中的 i,最终确保语言学习者接受到的信息是 i+1,达到理解性输入。Long 的互动假说引起了广大研究者的关注,这些研究者进行了一系列的相关实验。部分实验得出了和 Long 相同的观点:谈话中的互动的确可以增加可理解性输入,从而提高二语习得。然而,部分实验并没有得出这个结论。批评者指出,早期的互动研究过分片面地强调二语互动的功能,忽略了语言学理论,从而导致实验结果不一致,而且语言习得实验需要进行一定时期的追踪研究,才能准确判断实验参与者的语言能力。

二、改进互动假说

随着研究的发展,Long 对自己的互动假说进行了修改,更加注意输入与语言环境学和语言心理学之间的联系,并且解释了这种联系怎样促进二语习得者的语言发展。Long 的新版互动假说提出:在意义协商中,建议将语言环境和学习者内在能力,如选择性注意力和学习者处理二语的能力,放在一起考虑,从而发挥这些资源的最大作用;从意义协商或其他方面得到的负面反馈可能提高二语习得,至少对母语和二语之间有明显冲突的词汇、词法和句法等方面起作用。这里的意义协商指的是二语学习者和高语言水平的说话者为了交流的需要,彼此提供和领会对方提出的信号,从而对语言形式、会话结构和信息内容做出相应调整,直到彼此互相理解的过程。

三、评估互动假说

在 Long 提出的互动假说的基础上，众多研究者共同努力，互动假说不断完善发展。其最主要的成就是：说明本族语者和非本族语者或者语言能力高的说话者和语言能力低的说话者可以积极地协商意义达到沟通，并且这种意义协商既包括语言本身也包括说话策略。在协商中，不管是在积极还是消极的情况下，学习者都能被提供重复的机会来注意到正确目标语言的形式，从而能够利用本族语者提供的正确语言形式来参与协商。在某些情况下，学习者收到的负面反馈有利于自己的语言习得。

而 Long(1996)则认为意义协商(negotiation of meaning)在这一过程中起决定性作用。互动假说理论认为，"语言习得很大程度上得益于交互作用，特别是意义协商，而这一过程只有当对话者试图克服语义表达中的障碍时才会发生，由此导致了额外的输入以及针对学习者自身语言输出的有用反馈"(Richards 2002)。"意义协商"这个概念由 Long 提出，它是指"学习者及其对话者为化解交际中断、达成相互理解而进行的交流"。通过意义协商，语言输入被修改，以促进交谈者的理解。在人类交际这样一个受众多因素制约的极其复杂的过程中，语言学习者必须借助多种途径来协商、解码、提取，并最终获取本意。这些途径包括理解校验、确认校验、澄清请求、自我重复、换说法、自我修改等(Pica 1989)。

反馈原理的理论基础是互动假说理论。根据反馈原理，一个完整的学习过程，必须包括学习者吸收信息并输出信息，并且通过反馈和评价知道正确与否这几个阶段。从反馈学的原理来看，反馈机制是形成性评价的有机组成部分。在英语写作教学中，教师与学生之间、学生与学生之间经常性的快速的信息反馈可以使师生双方了解写作过程中存在的问题，寻求最佳的解决办法。Keh(1990)认为，有效的信息反馈可以准确地表达教师对学生的期望，鼓励学生根据这些反馈信息再次修改自己的作文。在英语写作教学实验中，反馈就是学生与学生之间、学生与教师之间就英语作文相互沟通、相互协商、信息往返交流的过程。在同伴反馈阶段，学生以小组的形式互相讨论，对于作文初稿中表述不清的地方，反馈者可以与原作者交流，弄清原作者的意图后，再做出相应的反馈。同时，当被反馈者拿到作文后，如果对同伴提出的建议有疑问，也可以与反馈者讨论，减少反馈中的误解，这就是学生与学生之间的互动与反馈。如果同伴间的讨论、协商还是解决不了问题，就可以向老师求助，这是师生间的互动。只有这样，学生才会认为同伴提出的修改建议是合理的，才会自觉地根据这些建议对自己的作文进行修改。而且，学生的二稿经过教师反馈后，如果学生有不明白或不同意的地方，也可以与老师讨论甚至辩论，这又是师生间的互动，从而使教师反馈更有针对性，也更容易让学生理解作文要修改的原因。一篇文章的质量在很大程度上受到修改过程中作者所得到的反馈的影响。Ferris(1995,1997)提出，"有效的反馈能启发作者对其文章做出积极的修改，从而全面提高文章的质量"。

Long(1996)认为，意义协商能促进二语习得，因为这可以把输入、学习者内在能力（尤其是选择性注意）和输出有机联系起来。通过专注的协商活动，学习者的注意力会集中于两个方面：一是学习者现有的知识与实际语言之间的差别；二是二语学习者缺失的或知之甚少的知识(Gass 2003)。意义协商理论给外语教学带来新的启示，因为它将学习者的注意力引向意义如何编码，引向形式和意义之间的联系(Pica & Garcia-Mayo 2000)。同伴互评就是一种有意识习得知识的过程，通过互评，学习者相互提供的信息反馈有助于各自对写作文稿内容及语言的进一步修正、监控，从而促进文本输出质量的提高。Schmidt(1990)认为，任何语言习得都是有意识注意的结果，注意是输入转化为吸入的必然条件；Ellis(1995)指出，没有注意，输入无法转变为输入，语言便无从习得。

同伴互评所提供的信息反馈是一种有意识的集体写作输入活动，它能促使学习者注意自己文本的内容组织及篇章结构形式，进一步明了其间所存在的不足与差距。这不仅有助于学习者对有关语篇及语言知识的信息进行加工，而且能促进学习者对有关语篇及语言知识的输入，并促进其写作文本输出质量的提升。

第四节　合作学习理论

　　合作学习是 20 世纪 70 年代初兴起于美国的一种教学理论与策略体系。它发展迅速，已被广泛应用于几十个国家的课堂教学中。合作学习从教学过程的集体性出发，着眼于学生之间的互动性。针对传统教学中忽视同伴相互作用的弊端，合作学习理论将合作性的学习方式纳入课堂教学的主要步骤，以促进学生的个性与群体性协同发展。概括说来，合作学习就是以小组为基本组织形式，小组成员互相帮助，从而在最大程度上促进自己及他人的学习，实现共同的学习目标。合作学习理论的基本内涵为：①形成和改变学习者的学习态度，增进其合作学习技能；②创立紧密结合与整合学习为一体的学习方式；③发展批判性思维、推理和解决问题的能力。Cuseo（1992）提出，有目的地组成小组、明确小组任务和个人责任、促使组内成员相互交往和依靠、注重社会交往技能的发展、发挥指导者的支持作用是合作学习的主要特征。Long（转引自劳诚烈 1998）把合作学习的好处归纳为 5 条：①在小组学习中学习者使用目的语的总量增加；②学习者使用的目的语的质量提高；③个别指导的机会更多；④学习语言的环境更轻松；⑤学习积极性提高。

　　合作学习理论的核心思想是不管是知识本身还是学习都是通

过社会来构建的。合作学习的概念是 20 世纪 70 年代由 Slavin (1980)首先提出的,他认为合作学习是一种课堂技巧,主要目的是促进师生互动和生生互动,提倡学生在学习活动中充分合作。合作学习把小组看作基本形式,有助于实现从以教师为中心的模式向以学生为中心、教师为引导的模式的转变。Hirvela(1999)的研究得出的结论是,学生在以小组为单位进行各种任务时比单独进行任务时学得更有效率。合作学习强调的是所有小组成员的成功,减轻了学生对于失败的恐惧,促进了对学校、老师、同伴及所学学科的积极情感的形成(Lyman & Foyle 1998)。Johnson(1986)指出,有充分的证据证明协作团队比单独学习的个体有更深的见解,而且对知识的记忆更加持久。合作学习给了学生一个参与讨论、为自己学习负责的机会,使他们学会批判性思维(Totten et al. 1991)。合作学习理论对母语写作教学影响很大,这种影响也延伸到了二语写作的研究和教学领域。研究者发现,在合作写作和修改的过程中,学生能够获得很多语言知识。如 Hirvela(1999)发现合作写作小组有助于决策,让学习者能够比较各自的学习笔记并讨论如何更有效地使用它们,同时也给学习者提供了更多的机会,让他们能够通过写作小组里同伴间的对话和互动、复习和应用逐渐增加二语写作知识。合作学习是一种十分有效的教学手段,在每一个由处于不同语言水平层次的学生组成的合作学习小组里,可以利用各种学习活动去促进学习者对主题的理解。小组中的每个成员不仅有义务学好老师所教内容,而且有义务帮助其他成员,从而创造一个成果氛围。

结果教学法的课堂以教师为中心,写作课堂几乎不存在互动和交流学习;过程写作法则采用各种课堂活动激发师生间、生生间的合作学习,同伴互评将学生由单个学习带入合作学习。Spada (1997)指出:"小组学习是鼓励和推动二语学习和发展的各种学习活动的有益补充。"

第三章　国内外同伴反馈研究述评

　　本章重点回顾国内外研究者对同伴反馈的研究,尤其关注大量的实证研究。国外部分的综述包括同伴反馈与教师反馈的效果对比、同伴反馈对后续修订的影响、同伴反馈的分组方式与互动模式、学生对同伴反馈的态度、同伴反馈培训五部分。国内的研究包括评改环境、互评效度、互评培训、探索新模式四部分。本章对相关研究的梳理,有利于研究者更全面地了解当前同伴反馈研究的现状,取得的成绩和存在的不足,为后面几章探讨同伴反馈活动的优化奠定了基础。

第一节　国外相关研究

　　同伴反馈被认为是 L1 过程写作教学中重要的组成部分。同伴反馈的作用在 L1 写作教学中已被广泛探讨。例如,Elbow(1981)指出同伴间的互动能增强学生的观众意识,赋予写作活动以交际目的。Kroll & Vann(1981)认为,同伴互评能帮助学生丰富写作观点。另外,还有相关研究从实证的角度证明了同伴反馈对学生作文提高的积极影响。Clifford(1981)调查了大学生的同伴反馈活动,发现同伴合作对提高作文分数有显著帮助。Gere & Stevens (1985)密切关注了五年级、八年级和十二年级学生的同伴反馈过程,他们发现学生在同伴互动过程中非常积极,尤其关注意义澄清和意义重建方面。Nystrand(1986)调查了大一学生的同伴反馈活动,发现如果同伴反馈活动以合作批判的方式进行,则同伴反馈有利于学生写作水平的提高。Nystrand(1984,1986)继续指出,如果提前给予学生适当的准备和指导,同伴反馈是一种非常有效的写作教学方法。Spear(1988)和 Tompkins (1990)从学生有效参与的角度提供了一系列促进同伴反馈有效进行的指导原则。随着 L1 写作教学由结果教学法到过程教学法的转变,L2 研究者及教师也开始关注同伴反馈在写作教学中的应用。L2 写作中的同伴反馈有效吗?许多教师和研究者凭直觉感到同伴反馈应该是有价值的,因为同伴反馈具有以下作用:注重写作过程,符合以学生为中心的教学理念;为同伴间的合作和交流提供了平台,具有积极的情感作用;培养作者的读者意识,让作者了解到读者的期盼和观点;训练学生的评估和反思技能,对之后的写作有重要的应用价值。但正如 Hyland(2006)所言:"尽管从 L1 借鉴到 L2 中的同伴反馈理所当然地被认为同样有效,但实证研究的结果仍未能证实这种乐观的想法。"

Keh(1990)提议,同伴反馈作为一种非常实用的教学活动可以应用到 L2 写作教学中。他总结了使用同伴互评的相关优势,如在相关任务上可节省老师的时间,这样教师可以把时间用在更有益的指导上。同伴反馈更符合学习者自身水平的发展,学习者可以增强读者意识,读者在批判性地阅读他人作品的过程中可学到很多。在同年的一篇文章中,Keh(1990)继续指出,同伴反馈虽然有诸多好处,也存在很多潜在的问题。例如,在教学中应用同伴反馈的教师通常认为同伴反馈是有效的,但是很多人没有意识到 L2 写作中应用同伴反馈所面临的特有问题。这些问题部分源于 L2

学生同伴反馈经验的缺乏,部分源于来自不同文化背景下读者的不同修改期望。很多研究者对在 L2 课堂中使用同伴反馈的有效性进行了实证研究。这些研究主要集中在以下五个方面:①同伴反馈与教师反馈的效果对比;②同伴反馈对后续修订的影响;③同伴反馈的分组方式与互动模式;④学生对同伴反馈的态度;⑤同伴反馈培训。与 L1 写作研究不同的是,L2 研究在上述五个领域中存在较大分歧。

第一类是同伴反馈与教师反馈的效果对比。Chaudron(1984)调查高年级学习者在获得同伴反馈后作文改善程度是否比教师修改后高,结果发现两种类型的反馈都没有使学生的写作能力得到显著提高。Hedgcock & Lefkowitz(1992)分析了二外为法语的大学生的同伴反馈活动,其结果稍微积极些,认为同伴反馈过程"虽没有得到令人惊叹的好作文,但反馈过程也没有像某些 FL 教师担心的那样,产生语法更劣质的作品"。Nelson & Murphy(1993)得出了比较积极的观点。他们对比了低水平 ESL 学生与训练有素的评分者批改的学生写作文本。虽然学生英语水平不高,但他们的批改与受过训练的评分者的批改相似,都能找出宏观问题,如组织、发展、主题句等方面存在的问题,只是后者针对连贯性方面存在的问题的修改更胜一筹。Caulk(1994)作为一名写作教师,对比了她自己的批改评论与中高级学习者的同伴反馈结果,发现大多数学生的评论是有效的,她的建议只有小部分被学生采纳;学生的建议往往更具体、更针对某一具体问题,而她的建议更宏观,考虑的是整篇文章的问题。因此,Caulk 指出两种类型的反馈在学生写作能力发展方面起着互补的作用。Tsui & Ng(2000)调查了 EFL 环境下中学英语学习者的同伴反馈活动,并与教师反馈进行了比较。结果发现,虽然教师的意见引发了更多的修订,但是学生的评价有其独特的作用,比如增强读者意识和作品主人翁精神,使学生更清楚地意识到自己文本的优点和缺点。

另一些研究者对同伴互评和教师评论的效果进行了对比,发现教师评论和同伴互评并没有显著差别，两者同样重要（Chaudron 1984；Mendoca & Jonhnson 1994）。Saito & Tomoko 对 47 名日本大学生进行研究，结果发现同伴评估和教师评估显著相关。而另一些对比研究发现，相较于同伴评价，学生们更喜欢教师评论。Connor & Asenavage(1994)发现，同伴反馈对学生修改作文的影响很小，只有 5％的修改来自同伴的反馈意见，35％的修改来自教师的意见，有 60％的修改既不是来源于教师意见也不是来源于学生意见，而是学生的自我修改；相较于同伴的意见，学生更愿意接受教师的反馈意见。Paulus(1999)发现，14％的修改来自同伴意见，而 34％来自教师。Nelson & Murphy(1993)解释了学生为什么会信任教师评论，这可能在很大程度上取决于环境因素，也就是课堂环境。如果让学生在教师评价和学生评价中进行选择，学生可能会更喜欢教师评论。Jacobs et al.(1998)认为这种对比研究误导了学生，强迫学生在教师和学生的意见之间二选一，而教师评论和学生评论并不是互不相容的，因此这种对比研究是一种错误的二分法，很难找到同伴互评的真正价值所在。Jacobs 等人的问卷调查显示，93％的学生对于在课堂上引入同伴评价持积极态度。并且，如果不让学生在教师评价和同伴评价之间进行选择，那么他们既喜欢教师评论，也喜欢同伴的反馈意见。Cheng & Warren(1996)也得出了相似的结论，即学生喜欢在作文教学中引入同伴评价。

　　第二类是同伴反馈对后续修订的影响。这方面的研究结果存在很大分歧。Connor & Asenavage (1994)调查分析了 ESL 一年级学生同伴反馈后的采纳数量和修改类型，调查结果不容乐观，同伴反馈的建议只有 5％被采纳。Tsui & Ng (2000)的调查虽然承认同伴反馈的重要性，但是发现同伴的建议较少引起实质性的修改。Mendonca & Johnson 通过描述二语学生在修改中发生的沟通方式以及这些方式如何影响学生的修改行为，发现学生们并不会对同伴的反馈意见全盘接收，而是选择性地采纳。Villamil & Guerrero（1998）在分析了学生进行交流的音频、第一稿和最后一稿作文后发现，有 74％的学生意见在作文的修改中被采纳了，在同伴互评后，学生做了许多深层次的修改，只有 7％的修改是错误的。Rollinson（2005）发现，同伴的反馈意见被认为是有效的，65％的反馈意见在修改中被采纳了。

Mawlawi（2010）发现，实验组在作文的修改中减少了 rule-based 错误，但是相对于对照组，non rule-based 错误并没有太大的变化，他们建议在写作教学中引入同伴互评来促进学生语言水平的提高。在肯定同伴互评在写作教学中所起的作用的同时，一些学者也表示了深深的担忧，他们认为学生在对同伴的作品进行评价时只关心形式而忽略了内容和意义层面，而另一些学者对学生有能力评价他人的作品表示怀疑。回顾相关研究发现，尽管关于同伴反馈效果的研究结论不一，同伴互评曾受过质疑，但随着研究的深入，越来越多的研究者开始认同同伴互评的价值，并积极探索如何更加有效地实施同伴反馈。Min 指出，尽管各种研究中学生对同伴的修改建议接受度不一，从 5％，少于 50％，到稍多于 50％不等，但经过培训后能达到 90％。Connor & Asenavage（1994）也指出学生不愿意采纳同伴建议的原因之一是缺乏经验，并呼吁对同伴反馈的培训进行更多的研究。其他研究指出，同伴反馈是否产生实质性的修改取决于学生间的互动情况。Nelson & Murphy（1993）发现学生能够接受同伴的修改建议，只是接受的程度取决于和同伴的互动程度及其效果。当学生之间处于互动合作的模式时，他们愿意采纳对方的修改意见；相反，当处于攻击性的状况下或者没有互动时，他们很少采纳对方的建议。Villamil & Guerrero（1998）的研究也发现，当互动模式属于于合作型时，意见采纳的数量较多，对于同伴互动模式及修改质量提高的关注促进了同伴反馈的第三类研究。

第三类是同伴反馈的分组方式与互动模式。近年来,越来越多的研究开始探讨分组/结对模式本身对学生参与课堂互动的积极性和生生互动效果产生的影响。Donato & Mccormick(1994)有关小组活动中学生"集体搭建脚手架"的研究发现,在开展任何关于同伴互动的研究时,都必须考虑小组或结对活动的性质。实际上,已有很多研究证明无论是在母语还是在二语/外语课堂内,简单地将学生分成小组或结成对子并不一定会创造出利于学习的环境(Donato & Mccormick 1994;Ellis et al. 2001;Sorch 2002)。还有研究表明,小组活动几乎没有为语言发展提供任何机会,甚至可能会适得其反(Foster 1998)。Nelson & Murphy(1992)的研究结果比较消极,在活动中小组内成员表现得极具攻击性。Guerrero & Villamil(1994)在深入分析学生互动情况后指出,读者和作者之间的非对称关系不一定是不利的,"自我调控"(即能够独立解决问题)的读者可以协助同伴的修订过程。与Nelson & Murphy(1992)的研究不同,Lockhart & Ng(1995)在调查中未发现学生有攻击性行为。研究中小组呈现了多样的互动关系,其中合作型是最成功的,因为这一互动模式促进读者和作者的协商,促使写作者反思文章意义并产生新的观点。

Storch(2011)认为语言能力较弱一方在语言能力较好一方的帮助和支持下,可以完成其无法独立完成的任务,从而促进L2写作潜能的发展。Leeser(2004)则提出了相反的观点,他怀疑语言能力较弱一方能否真正从语言能力较强一方的反馈中受益,因为后者的意见往往超出了前者的最近发展区,很难被内化和接受。Watanable & Swain(2000)调查了互动模式和非对称性配对形式对ESL学习者写作的影响。调查结果表明,互动模式对同伴反馈效果的影响比语言水平更大。合作型互动模式比非合作型互动模式产出更多的语言相关事件,有利于后续作文质量的提高。当配对的两名学习者语言能力存在一定差别时,只有双方的互动模式属于合作型时,同伴反馈才易于采纳和吸收。Storch(2002)通过定量与定性分析相结合的实证研究确定了二语/外语课堂中存在的四种基本结对互动模式(合作型、专家/新手型、主导/主导型、主导/服从型),并且证明了在合作型和专家/新手型的结对互动中产生的语言迁移最多,最有利于互动双方的意义交流和语言能力发展,而在主导/主导型和主导/服从型结对互动中,学生错失学习机会的事例最多,互动双方对学习效果和互动这一学习方式的态度最不乐观。还有研究发现,能力一致分组对学生成绩影响很小,或只能使高能力组学生轻微受益,对低能力组学生则造成严重的不良影响(Slavin 1991)。所以很多学者主张能力交叉分组,认为两种或多种能力水平的学生混合在一起可以促进学习(Adams 2007)。

第四类是学生对同伴反馈的态度。Patridge 可以被认为是研究学生对同伴互评的态度的先驱。他在 1981 年的研究中发现,几乎所有被试都对同伴互评这种教学形式持肯定态度,一些研究者也得出了几乎相同的结论。学生喜欢同伴反馈,认为同伴反馈作为一项有益的活动能够提高他们的写作能力。(Keh 1990; Rothschild & Klingenberg 1990; Tsui & Ng 2000)那些争论同伴反馈是否有效的研究者认为,如果在反馈前进行充分的培训,学生是能够提供具体、有意义的修改建议的,虽然英语不是他们的母语(Berg 1999; Liu & Hansen 2002);并且学生发现同伴反馈能有效提高他们修改稿的质量。然而,另一些研究者却得出了截然不同的结论。他们发现学生对同伴的反馈意见持谨慎态度并怀疑同伴反馈意见的准确性,在学生看来,同伴的语言能力有限,不能对改善他们的语言能力提供任何帮助(Mangelsdorf 1992; Chen 2010)。其他的一些研究表明,与同伴反馈相比,学生更喜欢教师反馈(Zhang 1995; Nelson & Carson 1998),他们更倾向于采纳教师的建议(Connor & Asenavage 1994; Nelson & Carson 1998)。Sengupta(1998)发现,亚洲学生,尤其是中国学生,对同伴反馈的态度比较冷淡,认为教师反馈更有效,更具权威性。那些怀疑同伴反馈有效性的研究者认为,对来自非西方文化背景或者形式传统的学生进行同伴反馈会起到反作用。伴随着有些研究者对小组达成共识而非口头协商的强调(Allaei & Connor 1990),一些研究认为中国和日本学习者对同伴反馈倾向于持消极态度(Mangelsdorf 1992;Zhang 1995),在同伴反馈中通常不能积极主动地参与修改活动(Allaei & Connor 1990;Carson & Nelson 1996)。然而,越来越多的中国研究者和日本研究者证明了亚洲学生对同伴反馈同样持积极态度(Nagasaka 2000;莫俊华 2007)。总而言之,研究者们对 ESL 环境下的同伴反馈进行了大量的研究,然而调查结果却存在很多争论。

第五类是同伴反馈培训。国外对于同伴互评在课堂中具体实施的研究和论述也占有相当大的比重,因为在同伴互评的实施过程中,培训起着非常重要的作用。Min 曾指出,修改建议不够清楚和对作者本意的误解是妨碍学生接受同伴修改建议的两个主要原因,进行同伴互评的培训则是解决这些问题的有效途径。因此,培训对于同伴互评的成功至关重要。通过同伴互评的培训,可以克服同伴互评中存在的一些问题,改善同伴互评的效果。很多研究都发现,学生进行互评时,更多关注作文的微观方面,例如语法、词汇等,对宏观方面则关注较少(Caulk 1994),而对同伴互评的怀疑也主要集中在这一方面。培训可以有效地对学生进行引导。例如Berg(1999)便曾通过一个准实验研究来考察培训的效果。结果表明,受过培训后,学生在意义层面上的修改增多,作文的质量也得到提高。在 Stanley(1992)的研究中,培训主要集中在使学生熟悉不同文体和如何对作文做出有效反馈两个方面。结果表明,接受培训比较充分的学生能更好地参与互评,彼此能更有效地沟通,进而提出更加具体的建议。经过培训的学生无论是在提出的修改意见的数量上还是种类上,都明显高于没有经过培训的学生。Min(2006)特别考察了培训对修改种类和写作质量的影响。通过比较培训前后的修改稿,她发现经培训后的学生采纳了同伴的大部分修改意见,修改稿的质量也有较大提高。

对于培训的具体内容和方式,Connor & Asenavage (1994)指出,培训之初的教师示范是不够的,后续的明确而有针对性的培训也很重要。Lockhart & Ng(1995)也指出,对同伴互评的培训指导不应该只发生在互评之前,而应该贯穿互评的整个过程。Min(2005)在研究中从 4 个方面对学生的互评进行培训:明确作者意图、发现问题、解释问题本质和提出具体的修改意见。实验结果表明,学生通过培训提高了互评技巧,增强了信心,语言习得和元认知策略的运用也获得了提高。Berg(1999)还指出,仅仅依靠课内培训是不够的,课外培训也是必要的。这一点在 Min (2005)的研究中也有强调。但是培训也存在着一些问题,例如要提高培训的效果,需要教师耗费大量的时间和精力。因此,采用何种培训方式效果更为明显、学生对培训有什么期待等,都需进一步的研究。此外,有研究指出,任何形式的培训都会在一定形式上促进写作水平的提高,但直接对作文修改进行培训并不能替代对同伴互评的培训(Berg 1999)。因此,培训到底在哪一方面促进了作文质量的提高,以何种方式作用于学生及作文等,有待进一步考察。同伴互评的具体实施方式也值得注意,例如具体实施的原则和措施、评价材料的使用、教师对互评过程的控制度、学生的分组情况等。Hanson & Liu (2005)提出了同伴互评具体实施的指导原则,特别强调了教师对互评的规划以及对学生的培训。Rollinson(2005)也提出了一些具体措施来帮助教师为同伴互评的进行创造一个较好的环境,例如教师要具体考虑分组情况、修改次数以及如何评价等问题,同时教师的倾向和期待会对学生的评测产生影响(Dipardo 1988)。其中关于同伴互评中作文评测表的使用,Hyland(2000)指出,作文互评表对同伴互评有负面作用,无论是问卷还是访谈都证明了这一点。但是作文评测表对学生进行作文互评有很强的指导作用,因此,如何妥善地运用评测表有待进一步研究。

第二节　国内相关研究

我国大学英语写作教学中同伴互评的研究主要探讨以下四个问题。

第一,同伴互评的评改环境。根据检索到的文献,评改环境主要有网络在线反馈、书面反馈及面对面反馈三种。同伴反馈研究大多是传统的书面反馈及面对面反馈模式,但是网络技术的快速发展使其在外语教学中的应用越来越广泛。网络也为合作学习提供了巨大的空间和平台。许多研究者对网络应用于写作教学进行了探索(翁克山 2013;张荔 2011;蔡基刚 2011;蒋宇宏 2005)。研究者比较了课堂和基于网络的同伴反馈的差异后发现,利用网络的同伴反馈使学习者能更加轻松地给出反馈意见,网上的即时和延时交际有助于提高反馈效果和质量。通过延时交流获得的反馈比通过即时交流获得的反馈更有效,因为学习者有时间思考和修改反馈建议。刘晓玲、杨高云(2008)设计了一种基于网络环境的同伴之间合作式写作评估反馈模式,86 名学生参加实验,用前后测试成绩来检验学生语言水平和写作能力的提高幅度。实验发现,实验组和控制组的英语写作成绩都有显著提高,但实验组的英语成绩明显高于控制组。这说明采用合作式写作互评反馈模式能够帮助学习者显著地提高英语写作水平。蒋宇红(2005)通过实证研究 119 名英语专业学生,对比两种不同方式(面对面评价和基于网络的在线评价)对学习者写作技巧的影响,发现受试学生普遍(占 81.73%)认为与同伴通过在线交流、评价和反馈的方式修改对方作文有助于增强对英语学习和写作的兴趣、缓解焦虑情绪和心理压力以及促进文章的整体修改。张荔(2011)通过网上同伴反馈培训研究发现,网上写作同伴反馈策略培训有利于合作学习中的同伴反馈,继而促进了写作教学,也有利于提高学习者的写作水平。蔡基刚(2011)对写作在线同伴反馈和教师反馈做了对比研究,探讨了中国英语写作教学在线同伴反馈的特点。该类研究表明,计算机网络技术的发展为英语写作的多元反馈模式提供了实现可能,为弥补传统写作反馈呈单一线性模式的缺陷提供了解决办法。

综观以上反馈研究,以计算机技术为主的写作反馈应用研究已经取得了大量阶段性成果,对以计算机为媒介的交互作用的研究已经非常多样化。这些新的发展为新的互动形式和协作活动提供了机会。使用者可以在这些网站上分享自己的文章或对别的文章进行反馈,且这些活动会被记录下来。在过去,小组关于文件的协作处理只能由个人在不同的地方获取反馈的内容,继而汇总反馈;而使用在线反馈时,小组的所有成员都能同样地获取到文件的最新版本,在其他成员观点的基础上进一步修改加工。这也成为网络反馈的一个主要优点。

第二,同伴互评的效度。同伴反馈的效度研究主要是同伴互评对学生写作能力及认知的影响研究、教师反馈与同伴反馈的对比研究、学生对同伴互评的态度以及对其自主学习能力的影响研究。张英等探讨了同伴反馈对教学双方认知行为的影响,认为同伴反馈对学员认知行为的影响是直接的,而对教员认知行为的影响则是间接的。莫俊华(2007)通过对浙江大学成人教育学院英语专业二年级的 49 名全日制学生进行实证研究和问卷调查发现,同伴修改的正确率高达 89%;并且,96% 的学生认为同伴互评对他们有帮助或非常有帮助,91% 的学生表示在修改时会采纳同伴的建议,70% 的学生认为应该在今后的写作教学中继续开展同伴互评。研究还发现,65% 的学生表示同伴互评能使他们了解和学习别人的观点、思路、写作技巧和表达方法;61% 的学生认为同伴互评能促使他们在写作时更多地考虑读者的反应；高达83％的学生表示，同伴互评能帮助他们发现和改正自己作文里的错误。

在所得文献中，关于同伴互评与其他反馈方式的对比研究约占研究文献的五分之一。例如，杨苗（2006）在中国大学生的英语写作课上分别使用教师反馈和同伴反馈，对比分析作文修改的情况。调查显示，学生对教师反馈的利用率更高，90％的可用教师反馈意见点被用在作文修改中，而只有50.8％的可用学生反馈意见点被利用。研究还发现，98％的学生认为教师反馈有用或非常有用，而只有40％的人对同伴反馈持相同看法。蔡基刚（2011）对比研究了网络环境下61名中国大学生英语写作的同伴反馈和教师反馈，调查证明了在线同伴反馈写作可以明显激发学生的写作兴趣、丰富作文内容和提高语言质量。问卷调查也表明，同伴反馈写作班对课程的满意率要比教师反馈班高出28个百分点，前者为93％，后者为65％。

在同伴反馈文本质量提高方面，很多学者认为同伴互评是提高学生写作能力的有效手段，能够促进写作质量的提高（Lee 1997；邵名莉 2009）。Kamimura（2006）的调查显示，EFL高水平和低水平组的修改稿分数都显著高于初稿分数。然而，白丽茹（2013）的研究结果表明，虽然同伴反馈结果有效，但修改稿质量提高的主要原因是教师讲评，与采纳同伴互评反馈建议修改写作文本没有直接关系。因此她指出，对英语专业低年级学生而言，同伴互评理论上可行，但实际上并非完全可行和有效。盖淑华（2013）以社会文化理论为依据，在教师反馈之前进行同伴反馈，使不同水平的同伴之间合作、对话，促进写作能力的发展。研究以动态系统理论为分析方法，通过对98名非英语专业大学生进行实验调查发现，前导性同伴小组反馈机制对二语写作有显著影响，但实验初期学生写作水平不但没有提高，反而出现下降的情况，而在实验后期又显著提高，对话交流的协商性和动态系统理论解释了该特点。

　　李彩林(2012)针对研究者研究结果存在的分歧进行了分析，她指出，除了研究背景和研究时间可能会对同伴反馈研究结果差异造成影响以外，不同的研究设计是解释大部分研究结果不能达成共识的另一个重要因素。如有的研究培训时间长，有的培训时间短；有的研究培训时侧重文章的内容、结构，有的直接给学生评价表格，没有考虑侧重点；有的研究让学生自由配对，有的由老师按照水平层次安排；有的研究在同伴互评时先让学生进行自评，有的直接让学生互评；有的研究中教师在同伴反馈时扮演问题解决者的角色，有的更多是作为情感激励者。总之，在同伴反馈前实施培训的时间、反馈时的着重点和具体操作及反馈搭档的不同，都有可能产生不同的研究结果。

　　第三，同伴互评培训的效果。这一部分主要是侧重在同伴互评过程中对参与互评的学生进行培训的研究。张福慧、戴丽红(2011)通过实验设计分析基于网络写作语料的师生评改对比研究时，首先在实验前对学生进行网上互评培训，主要包含两个方面：一是揭示同学互评活动的价值及合作性质，同时强调遵循合作总原则的重要性；二是以往届学生作文为例，由教师演示怎样进行评价，并把一文三稿结合评价内容呈现在网上的写作中心，供大家参考。张荔、盛越(2011)通过实证研究让 40 名学生参加了网络写作同伴反馈策略培训，内容包括要求澄清、指出问题、做出解释和提出建议等四大类。研究发现，培训后被采纳的反馈量有所增加，培训前占有修改要求反馈总量的 40.9%，培训后增加到 67%，有效的反馈从培训前的 75.7% 增加到培训后的 85.2%。研究还发现，培训后学生对反馈的采纳度有了较大的提高，从 40.9% 增加到 62.3%，这与其他学者的研究也存有差异。王翔(2004)针对学生互改存在的问题，通过教学试验，探讨能否通过对学生进行培训，使学生有效地掌握互改技巧。培训的时间为三次课，每个课时为 80 分钟。经过训练后，学生能够比较有效地进行互改。进一步的分析还表明,学生经过培训能够提出比较具体的建议,有利于同伴进行修改。许悦婷、刘骏(2010)在进行实验研究准备时,为更好地实施同伴互评,对参与者进行培训。有的研究者通过设计包括 6 个开放性问题的问卷、讲座讲解同伴反馈以及让他们修改有问题的求职信的热身培训和反馈表来对参与者进行同伴互评训练。

第四,借鉴其他反馈模式,探索新反馈模式。岳中生(2008)基于对英语写作教学中传统的教师评改所存在问题的分析,提出并探讨了结合计算机辅助评改、同伴评改、翻译评改和教师评改的英语写作 CPTT 四级评改体系,以实现写作评改的有效性、多样性、交互性和合作性,提升英语写作评改质量。龚晓斌(2007)通过分析同伴反馈中出现的问题,如学生在大多数情况下只注意文章的形式而不太关注内容和意义层面;学生更关注同伴的缺点和错误,从而打击了同伴写作的兴趣和信心;学生对同伴的反馈能力比较怀疑、缺乏信任等,在写作教学实践中提出"i ＋ 1"的层级制反馈模式,其核心是"自上而下的评析(修改与欣赏)与自下而上的欣赏"。刘奕、王小兰(2010)针对英语写作教学中传统单一的反馈模式的局限性,提出基于博客的多元反馈模式,包括教师反馈和同伴反馈,有写在博客中的文字形式的反馈,也有课堂上进行面对面交流的口头形式的反馈。博客技术为同伴反馈作用的最大发挥创造了有利的合作环境,有助于培养学生的自主学习。

虽然我国对同伴互评的研究起步相对较晚,但其研究在国内也得到了一定的发展,并在我国的英语写作教学中发挥了很大的优势,对我国的英语写作教学有很大的推动作用。然而,现阶段我国对同伴互评在英语写作教学中的应用研究还需要进一步的发展,研究水平也需要进一步的提高。已有的相关研究虽推动了这方面研究的发展,但也存在不少问题。因此,很有必要对现阶段同伴互评在英语教学中的应用研究进行总结和分析,发现其研究的漏洞,并寻求解决的方法,以期为今后的相关研究提供参考。

第四章　同伴反馈的影响因素及优化策略

　　国内外研究者对同伴反馈的效果进行了大量实证研究,但研究结果各不相同,主要原因是同伴反馈活动的实施受诸多因素影响。在实践中只有充分考虑各方面影响因素,合理设计同伴反馈活动,才能取得预期的效果。本章主要分析影响同伴反馈的主要因素,即语言水平、分组方式、评改类型、反馈培训和其他因素,通过国外的典型实证研究的具体举例进一步证明上述因素的影响,并提供具体的解决策略。

第一节　语言水平

一、语言水平及同伴反馈的有效性

　　同伴反馈有助于学习者写作水平的提高,但是对不同水平的学习者来说,同伴评价是否起到不同的作用呢? Nelson & Murphy (1992)调查了四个来自不同文化背景并且英语水平中等偏低的学生构成的反馈小组,结果显示英语水平中等偏低的学生可以从这项活动中受益。但是他们认为,学生的第二语言水平低对同伴反馈的影响是不利的。Caulk(1994)调查了英语水平中到高等的 ESL 学生。通过对参与者书面反馈的分析发现,89% 的反馈属于有效建议。他认为同伴反馈不仅可以作为教师反馈的补充,甚至在某种程度上能够对文章修改起到教师反馈的作用。杨丽萍(2009)研究发现,低水平组学生对同伴反馈的参与积极性更高,对同伴反馈的态度更积极。汪静(2008)用百分比统计的方式发现,在语言修改方面,学生关注最多的是语法和词汇,高水平组学生更多地关注文章的内容和结构。何丽芬(2011)指出,同伴评价的态度及效果对不同水平的学生具有不同的影响,对水平较低者的影响远远高于水平较高者,同伴评价能显著提高水平较低者的写作水平,对水平较高者写作水平的提高不是特别明显。对于两类学生,结构修改与总体成绩的相关程度都最高,其次是例证和语法,最后是内容和词汇。

部分研究生的硕士论文也对同伴反馈对不同语言水平学习者的英语写作影响进行了研究。韩晓东(2005)调查了不同英语水平的学习者获得同伴反馈及在文章修改中吸收同伴反馈的程度,根据学生从同伴反馈中的受益程度及其对同伴反馈的态度,得出以下研究结论:①就获得和吸收同伴反馈的量而言,不同水平的学习者之间存在着显著差异,中等水平学习者获得的同伴反馈量最多,高水平学习者吸收的同伴反馈量最少,低水平学习者虽然获得的反馈量最少,但吸收的反馈量最多;②所有学习者都从同伴反馈中受益,但受益程度因水平而异,中等水平学习者获得的进步大于高水平学习者,低水平学习者进步不大;③关于学习者对待同伴反馈的态度,高、中等水平的学习者对书面反馈的思考多于低水平学习者,所有学习者都赞同对书面反馈进行口头讨论,多数高水平学习者认为内容方面的反馈最有效,中等水平学习者和低水平学习者分别认为语法和构词法方面的反馈最有效。

周辉(2010)的调查发现,同伴互评有助于不同写作水平的非英语专业大学生对文章的修改,并且不同写作水平的学生存在着细微的差别:修改作文时,高水平组得到的反馈最少,但他们接受的反馈比例最高,而通过与前测比较,低水平者写作水平提高最多;对于同伴互评中给反馈和读同伴的反馈,各写作水平的同学都认为前者更有助于作文修改;就写作各维度而言,各写作水平的学生修改作文时接受的句子层面的反馈最多,其次是写作技术规范层面,最后是词汇层面;根据对前测后测的分析,中高写作水平的学生均是在写作技术规范维度改善最多,而低水平者在词汇维度改善最多,在结构维度也有很大进步;对于同伴互评中的评阅者,各写作水平者认为给予同伴反馈更有助于他们对文章内容的修改,通过访谈了解到,高写作水平者认为通过读别人文章的内容给予反馈,他们可以更好地充实自己的文章内容,而低写作水平者认为通过读他人作品,他们能知道自己可以写什么;另外,各写作水平者都指出同伴反馈对作文修改的影响主要局限于句子或句子以下层面,因为各写作水平的学生水平都相对有限,他们给出的反馈也大都局限于句子或句子以下层面的问题。

以上针对同伴反馈对不同语言水平学习者的影响的调查结果存在一定的分歧,这主要是因为研究者的实验设计、研究对象、实验周期及其他方面存在很多不同之处,但几乎所有研究者都认为不同语言水平的学习者都能从同伴反馈中受益。同时,众多研究者还认为,语言水平是影响同伴反馈效果的重要因素。

为了研究学习者语言水平如何影响语言相关事件(LREs),Williams(1999,2001)让八位不同水平的 ESL 学习者进行了一系列活动,并对比了其 LREs 数量和类型。她发现,随着课程水平的提高,LREs 数量也在增加。也就是说,Level 1 水平的学习者提供的 LREs 比 Level 2 学习者少,而 Level 2 学习者又比 Level 3 学习者提供的 LREs 少,以此类推。语言相关事件的数量和质量随着课程水平的提高而增加,即高水平学习者反馈效果好于低水平学习者。上述研究说明，同伴反馈对不同语言水平的学习者都产生了积极的效果，但语言水平是影响同伴反馈效果的重要因素。

二、语言水平优化策略

（一）i＋1分组方式

关于学生之间相互反馈的争议点主要有两个：一是学生对同伴缺乏信心，认为他们不可能做一个成功的"评论家"，因此对同伴的反馈意见持怀疑态度；二是水平较高的学生对于水平较低的学生的反馈是合理、充分的，反过来则不然，后者基本上无法对前者甚至同水平同伴的作文做出合理的反馈（Mangelsdorf 1992）。这两个问题都是因组织同伴反馈时采取了不当方式而引起的。第一种方式是教师任意安排同伴反馈，有时让学生自由组合，有时为了显示"公平和公正"，让学生抽签决定同伴，但这种安排会导致上面出现的两种问题。第二种是教师按照学生现有的写作水平进行分组，如高级组、中级组和低级组，但问题是前两组在内部反馈上不会出现大问题，而低级组则效果不佳，因为水平较低的学生互相之间发现不了问题，即使发现了同伴的问题，也很可能没有能力提出具体的修改意见，于是合理的分组方式对于低水平学生显得尤为重要。

针对上述同伴反馈组织形式上出现的问题，龚晓斌（2007）提倡在写作教学实践中实行"i＋1"的层级制反馈模式，其核心是"自上而下的评析（修改与欣赏）与自下而上的欣赏"。具体的操作如下：根据学生现有写作水平，将学生分为高级组、中级组和低级组。第一条路径是"自上而下的评析（修改与欣赏）"，即教师向高级组提供反馈（为了同伴反馈组织的完整性和系统性，这时候需要教师的参与，这也是教师反馈与同伴反馈的有机结合，第二条路径亦如此），高级组向中级组提供反馈，中级组向低级组提供反馈。反馈既包括建议修改意见，也包括对文章某些部分（内容和形式）的表扬和欣赏,这一方面帮助低一级同伴改进作文,另一方面也增强他们写作的信心。第二条路径是"自下而上的欣赏",因为低一级水平的学生不太有能力发现高一级水平学生的问题,即使发现问题也无法提供相应的解决方法,所以可以实施自下而上单一的欣赏策略,即低级组欣赏中级组的作文,中级组欣赏高级组的作文,而高级组则欣赏教师提供的有选择的范文。毕竟,通过"补偿性策略",学生可以欣赏那些高于自己水平的"范文"。不管是哪种反馈路径,都必须遵循前面提到的"一稿一聚焦"原则。例如,对某一稿的某个反馈方面(内容或形式),可要求高一级组对低一级组指出指定数量的需要修改的地方或指定数量的值得表扬的地方;同样,可以要求低一级组发现高一级组作文中指定数量的值得欣赏的地方。对于第一种情况,实际上就是在提供"可理解性输入"(Krashen 1987)。实行逐级向下反馈,而不是越级,就可以达到"i＋1"的效果,低一级学生就会获得设想的某一技能。

实行逐级的欣赏策略,低一级组实际上就是在寻找自己的表达法与高一级组表达法之间的差距,也就是"i＋1"中的"1",一步一步,次次积累,提高自己的语言能力。当然,在同伴反馈实施过程中,组别的划分不是一成不变的。例如,低级组的学生只要取得进步,达到一定的标准,就可进入中级组,进步特别大的,也可进入高级组。中级组的操作情况亦如此。因此,"i＋1"反馈模式是动态的。建立"i＋1"模式的双向反馈机制,可以真正形成一种合作互助的学习氛围,减少学生对教师的依赖,从根本上实现以学生为主体的自主和自助学习机制。尤其是在大班化、学生人数越来越多的情况下,这种反馈形式可以大大减轻教师的负担,教师可以将以前劳动的时间和精力投入更深层面的教学研究和改革。

(二)混合分组方式

高歌(2010)对不同分组条件下同伴反馈对学生英语写作的影响进行了调查。研究的数据来自非英语专业 4 个平行班中 48 个学生的作文、反馈活动、问卷调查和访谈记录。将每个班的 12 名学生均分为 4 组,每组 3 人:组 1 中 3 个学生(S1,S2,S3)都是水平较高的学生;组 2 由两个高水平的学生(S1,S2)和一个低水平的学生(S3)组成;组 3 中有一个高水平的学生(S1)和两个低水平的学生(S2,S3);组 4 中 3 个学生(S1,S2,S3)都是水平较低的学生。4 个班共组合成 16 组 4 种类型的试验对象。调查结果显示:混合小组(组 2 和组 3)中的低水平学生大量采用同组中高水平学生的意见,被采纳的反馈点的比率是最高的,组 2 还比组 3 略高一些。对于不同类型小组修改的有效性,组 1、组 2、组 3 中成功修改(successful revisions)的比率非常高,组 4 中成功修改的比率就要低得多。两种混合小组的提高程度又大大高于两种单纯小组。因此,对写作水平不佳的学生而言,被分配在混合小组中和水平高的学生一起进行这项活动,所取得的效果要远远高于被分配在像组 4 这样单纯由水平较低的学生组成的小组。

　　就总的小组写作质量提升幅度而言,混合小组的效果是最佳的。在混合小组中,作为文章的阅读者,高水平学生能够给低水平学生提供非常具体而有效的帮助,并收获自信和被尊重的感觉;低水平的学生则能够提供一些总体上的意见,对高水平的学生有时也有帮助。作为文章的作者,高水平学生自身的英语写作能力使他们知道如何正确利用低水平学生提供的意见,即使有时这种意见是不具体不细致的;低水平学生显然可以得到非常多有用的意见和建议,用以指导他们有效地修改。因此,在同伴反馈过程中教师可以尝试 3—4 个人(包括不同水平的学习者)的小组类型进行反馈。但一定要避免单纯低水平的学生组成的小组,因为这不仅影响修改效果,也会影响学生对同伴反馈的态度,从而影响学生对合作学习的态度。

(三)促进合作性的互动模式

　　学习者的二语水平会影响语言相关事件的数量和质量。

Waranable&Swain(2007)比较了个体学习者与比自己更高或更低水平的学习者交际时关注的语言形式,实证调查了 4 个英语作为二语的学习者在和比自己更高与更低二语水平者相互沟通过程中出现的语言相关事件的异同。这项研究需要学习者进行多层级的任务(相互协作并对反馈做出回应),但最主要的是学习者在写作阶段的语言交际。研究发现,学习者和更高二语水平的人交流时能产出更多的语言相关事件;基于 Storch 的互动模型(2002,2009),研究还分析了两者间形成的关系,发现学习者在相互协作情况下比在其他形式的学习中产出更多语言相关事件,这表明互动互动模式对同伴反馈的效果非常重要。

Kim & McDonough (2008)开展了和 Watanable 相似的研究,将 8 个中等水平韩语二语学习者分别与同是中等水平及更高水平的学习者进行配对,使用的任务是听记任务。结果表明,学习者在与高外语水平的同伴交流时比与同样水平的同伴交流时产生了更多语言相关事件(语法和词汇),占比较多的是词汇性语言相关事件。此外,当学习者与同等水平同伴协作时,比与高级水平的同伴协作时产生了更多错误的语言相关事件。在互动模式方面,这项研究发现学习者在与高级水平同伴互动时更加表现出协作性。Watanabe & Swain 2007 年的研究结果表明,协作学习可以导向语言学习,而结对互动的模式对学习者在后测中表现的影响更大:学习者构成协作互动模式时,无论搭档的语言水平如何,都取得更高的后测成绩。

综上所述,同伴反馈小组成员之间的关系及互动模式无疑对同伴反馈的效果产生了很大的影响。因此,教师在同伴反馈中要根据学生的特点及需求进行分组,并充分考虑小组成员的语言水平、性格特点、学习风格等。同时,教师还要进行有效的监控,积极促进反馈小组之间的积极合作。

三、语言水平典型实证研究介绍

Leeser(2004)对合作会话中的学习者水平及其对语言形式的关注进行了调查。英文题目为"Learner Proficiency and Focus on Form During Collaborative Dialogue"，文章发表在 *Language Teaching Research*，2004 年第 8 卷第 1 期，页码范围：55－81。研究选取 21 对西班牙语成人二语习得者，根据他们相对的学习水平，对其进行分组（高对高，高对低，低对低），以调查他们在一篇文章的重组任务中所说出的语言相关事件的数量、类型（词汇上的和语法上的）及结果（准确、模糊或者不准确）。研究结果揭示了小组成员的学习水平如何影响其对语言形式的关注度、其关注的语言形式及其解决语言问题的成功率。下面将概括性地归纳该研究的研究问题及结论，详细、具体地介绍实验过程及调查结果，以期该部分分析为本小节提出的观点提供实证依据，同时也为其他研究者进行类似实证研究提供具体参考。

(一)研究问题

大量研究表明，"关于语言形式的话语片断"（LREs，简称"语言相关事件"）有利于二语习得。然而，Swain(1998)担心，由于诸如年龄、背景知识、教育环境等因素，能引出 A 组学习者的语言相关事件的任务，对 B 组则不适用。所以，Leeser 研究提出的第一个问题为：在中级语言形式课程的任务型互动中，成人西班牙二语学习者能否说出语言相关事件？同时，有的研究指出，学习者产生的语言相关事件十分多变。例如，Swain & Lapkin (1998)报告了一次拼词游戏中出现的语言相关事件的数量，从 1 到 26 不等。因为两位语言水平很高的被试学生产生的语言相关事件很多，那么不同语言水平的学生被试组会产生怎样的语言相关事件？因此，Leeser 探讨的第二个问题是：学习者的语言水平高低与其产生语言相关事件之间有怎样的关系？

对输入加工和交流合作的研究表明,学习者水平会影响其在交际中的输入内容以及出现的形式与结构的加工处理。然而,对同一个班级或同一个学习组的学习者而言,能力差异会带来什么?因为二语习得的交际方法涉及协作小组的努力,而协作小组往往是由不同能力水平的学习者组成的,当小组成员共同完成一个任务时,组内水平的差异会怎样影响他们对语言形式的注意?他们注重什么样的形式?他们如何解决出现的语言问题?Leeser 探讨的另外一个主要问题为:根据 L2 水平不同(高—高,高—低,低—低)的分组是否影响了 LREs 的数量、种类和处理结果?

(二)实验过程

1.被试

被试包括来自第四学期内容型课程的 42 名 L2 西班牙语学习者。课程导师根据学生的水平对每一个学习者进行分级(教师根据学生的西班牙语整体水平具体打分),以确定分组。一旦学习者根据水平得以分类,则每个学习者被分配到三种类型的两人小组之中:两个较高水平的学习者组成一对(H-H);一个较高水平、一个较低水平的学习者组成一对(H-L);两个较低水平的学习者组成一对(L-L)。因为这些结对合作的过程会被录制下来,除了三对,其他由一男一女构成的易于辨别声音的小组均被转录。共有21 对,分别为:8 对是两个较高水平的学习者(H-H);9 对是一个较高水平和一个较低的水平的学习者(H-L);4 对是两个较低水平的学习者(L-L)。低水平学习者的对数较少,其原因并不是打分过程中控制了其数量,而是在收集数据的时候,低水平学习者出勤率不佳。

2.任务及步骤

实验中布置的任务是一个听写或语篇重组任务,由一系列阶段组成。首先,学生会听到一段话,在此期间,他们首先只被要求听,不用做笔记。接下来,他们将听第二遍,并记下关键词及短语。

最后,结对合作,学生把他们的笔记集中在一起,并试图重组篇章。正是在篇章重组阶段,学习者说出语言相关事件,因为他们需要寻找正确的词或形式以表达自己的意思。以前的诸如 LaPierre(1994)和 Swain & Lapkin(2001)的研究已经表明,在鼓励学生注重语言形式方面,听写是一种有效的任务。本研究中要求重构的这些语篇采用了 Wajnryb(1990)为中级学习者准备的样篇。

　　实验有两部分是在学生正常安排的课时中完成的。首先是练习阶段,其目的是让学生熟悉听写任务。在此阶段,学员被分配到自己的二人组,他们将合作完成任务。然后,他们要听两遍预先录制的短篇(53 词)。听完两遍后,再基于记忆和笔记重组文章,他们要大声说出自己写下来的一切,大声地讨论,说出为什么选择了这样的表达方式而非另一种。

　　一个星期后,学生要听写另一篇短文(65 词)完成任务。这次,研究者将学生的相互交流过程录制下来。此阶段分为以下几个步骤:首先,因为所听写短文的主题是学习者在内容型课程里学过的,研究者先展示了拉丁美洲人口运动的五分钟回顾。接着,为了使学习者关注形式,研究者让被试完成任务,给每人一份介绍西班牙语语体差异的单页讲义,要求学生仔细研究讲义 3 分钟,因为上面的信息将帮助他们完成任务。该讲义改编自网上的语法课程,介绍了西班牙语过去时态及未完成时态的常见用法。具体来说,讲义覆盖的只有学生将在听写篇章中遇到的那些过去时态和未完成时态的用法。学习讲义 3 分钟后,学生将有机会提问。随后,学习者观看一个简短的视频,视频内容为两个西班牙 L2 学习者合作完成一个篇章重组任务,以此指导他们如何完成此次任务。视频中的两位小组成员在重写文章时,会对遇到的语言问题进行讨论(因为时间限制,视频显示的只是他们快要完成任务的那段)。看完视频后,学习者将听两遍预先录制的短文,按照 Wajnryb(1990)在其书中描述的流程,参加者第一次听到短文时,没有做任何笔记,第二次则要求做笔记,但不需要记完整的句子。随后是成对或组团合作,学生把他们的笔记集中在一起,并试图重组篇章。所有的学生在 10 分钟之内完成篇章重组的过程且被录像。他们完成任务,上交了重写的文章后,就可以自由离开教室了。

3. 识别和鉴定语言相关事件(LREs)

每个小组重组篇章的录音都被转录下来,以识别其中的 LREs。两个评审单独识别其中的 LREs,并按照词汇上或语法上的关注点对其进行编码。词法上的 LREs 的信度为 94%,语法上的 LREs 信度则是 91%。两个评审的差异进一步讨论并处理。虽然研究人员对词法和语法的 LREs 的具体构成有一定的分歧,但在该研究中他们还是按照 Williams(1999)的编码过程进行的,因为她的研究也调查了 L2 熟练程度和 LREs 之间的关系。词法上的 LREs 包括学习者关注或寻求词项(包括介词)的含义的情况,也包括谈论单词的拼写或发音。语法 LREs 指的是学生关注到西班牙语形态或句法的一个方面。除了对 LREs 的关注类型、词法或语法进行编码,研究者对 LREs 的处理结果也进行了编码。同 Swain(1998)一样,LREs 有三种可能的结果:第一种,问题由学生自我校正或者由另一位学生帮其更正而得到解决;第二种,LREs 未得到处理或被遗忘编码;第三种,学生单独或双方均未能成功处理 LREs。

(三)实验结果

研究的第一个问题为,在外语学习环境中,成人西班牙语 L2 学习者在语法听写任务中是否将重点放在语言形式上。表 4-1 显示了 21 对二人组合所产生的 LREs 的平均值、总和及类型,数据显示学习者确实注重语言形式。总体而言,在 21 段转录中出现了 138 条 LREs。

表 4-1　LREs 的均值、类型、及总和

Type of LRE Lexical	Sum	Mean	SD	%lex. LREs	%total LREs
Word meaning	30	1.43	1.287	54.55	21.73
Prepositions	11	0.52	0.750	20.00	7.97
Spelling/pron.	14	0.67	0.730	25.45	10.14
Total lexical LREs	55	2.62	1.627	100.00	39.85
Grammatical	Sum	Mean	SD	%gram. LREs	%total LREs
Noun/adj. agreement	12	0.57	0.746	14.46	8.70
Word order	4	0.19	0.512	4.82	2.90
Gender/use of articles	12	0.57	0.926	14.46	8.70
Sing. vs. pl.	6	0.29	0.644	7.23	4.35
S—V agreement	15	0.71	0.717	18.07	10.87
Copula choice	1	0.05	0.218	1.20	0.72
Tense choice	22	1.05	1.071	26.51	15.94
Aspect	10	0.48	0.814	12.05	7.25
Reflex pronoun	1	0.05	0.218	1.20	0.72
Total grammatical LREs	83	3.96	2.819	100.00	60.15
Total LREs	138	6.58	3.735	—	100.00

第二个问题即学生是否会首先关注词法或语法单位。表 4-1显示,被试二人组共说出的 LREs 中 39.85％是词法上的。这些词法 LREs 超过半数集中在一个词的含义上。总 LREs 的 60.15％有一个语法重点,这些语法 LREs 处理了各种形式,但关注动词形态(主谓一致、时态和体的选择)的 LREs 占了语法 LREs 的一半以上。

第三个问题是,学生在重组段落时如何解决遇到的问题。表

4-2 表明,学习者重组段落时遇到的 76.81％的语言问题得到了正确解决。剩下的两种 LREs 情况各占一半:问题未解决或被忽略的(第二种情况)占 10.87％,错误解决的(第三种情况)占 12.32％。

学习者水平会不会影响其在小组合作中 LREs 的数量、类型和处理结果? 表 4-3 比较了不同类型 LREs 的数量、它们在总 LREs 中的百分比及解决途径、各个二人小组的标准偏差。表 4-3 显示,随着小组成员整体语言水平的降低,每组的总 LREs 平均数量也在降低。(9.50[H-H],5.67[H-L] 和 3.00[L-L])

表 4-2 正确解决、未解决及错误解决 LREs 情况对比

LRE outcome	Sum	Mean	SD	％total LREs
1 (correctly solved)	106	5.10	3.807	76.81
2 (unresolved)	15	0.71	1.146	10.87
3 (incorrectly solved)	17	0.81	0.928	12.32
Total LREs	138	6.62	3.735	100.00

表 4-3 不同小组 LREs 数量及类型对比

LRE focus	Dyad type		
	H-H(8 dyads)	H-L(9 dyads)	L-L(4 dyads)
Lexical			
n	25	23	7
％	32.89	46.00	58.33
M	3.12	2.56	1.75
SD	2.10	1.24	1.26
Grammatical			
n	51	27	5

LRE focus	Dyad type		
	H-H(8 dyads)	H-L(9 dyads)	L-L(4 dyads)
%	67.11	54.00	41.67
M	6.38	3.00	1.25
SD	1.77	2.29	1.89
Total			
n	76	50	12
%	100	100	100
M	9.50	5.67	3.00
SD	3.51	2.24	2.94

Note：

n＝total number of LREs；%＝percentage of total LREs.

此外，词法和语法 LREs 各自所占的比例随着小组成员类型变化而变化。这些趋势在图 4-1 中更加明显，图 4-1 以柱状图的形式展示了不同组的不同类型 LREs 的数目。对于两个较高水平的学习者组成的小组来说，其关注的 LREs 显然是语法型多于词汇型（67.11％语法型，32.89％词汇型）。高水平与低水平学习者（H-L）组成的二人组合，其产生的两种类型的 LREs 数基本持平（54.00％语法型，46.00％词汇型）。然而，在小组成员均为低水平学习者时，其产生的大部分 LREs 都是词汇型而不是语法型的（41.67％语法型，58.33％词汇型）。

为了确定小组成员能力差异是否会显著影响其 LREs 类型，研究者用裂区设计（split-plot design）对词汇型 LREs 及语法型 LREs 进行了方差分析（ANOVA）。方差分析揭示了成员能力的显著作用，$F_{(2, 7.52)}$，$P＝0.0345$，LREs 类型，$F_{(1, 5.23)}$，$p＝0.0042$，以及交际能力类型的显著作用，$F_{(4.62)}$，$p＝0.0241$。费什（The Fisher）的 PLSD 表明，H-H（两个较高水平的学习者）小

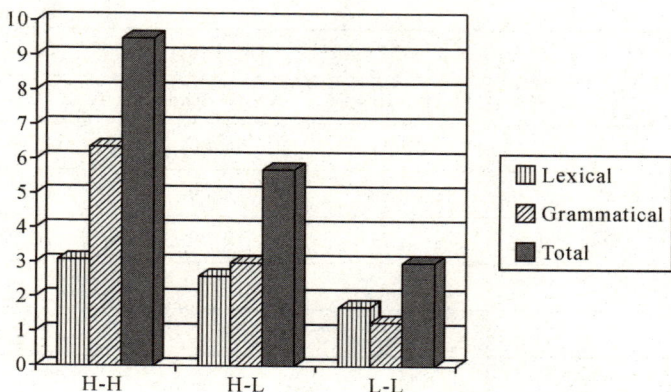

图 4-1　LREs 数量及类型对比柱形图

组产生的词汇型 LREs 显著多于语法型 LREs(p＝0.0006)。然而,H-L(高水平与低水平学习者)二人组合产生的词汇型 LREs 及语法型 LREs 差不多,L-L(小组成员均为低水平学习者)组合也是如此。费什的 PLSD 也显示,H-H 组产生的语法型 LREs 均明显高于 H-L 组(p＝0.0023)和 L-L 组(p＝0.0002)。虽然 H-L 组产生的语法型 LREs 比 L-L 组的要多一些,但差异并不显著(p＝0.0891)。费什的 PLSD 还显示,各组间就词汇型 LREs 的平均数量来看,差异并不大。这些结果表明,根据学习者水平进行分组影响每组成员对形式的关注。

　关于学习者的语言水平对其 LREs 的影响,表 4-4 展示了三个组 LREs 的处理情况:获得正确解决(第一种结果)、未得到解决(第二种结果)及错误解决(第三种结果)的百分比。图 4-2 将这三种情况的百分比以柱状图的形式表示了出来。表 4-4 和图 4-2 显示了从 H-H 组(88.16％)到 H-L 组和 L-L 组在正确解决的 LREs 数量上的递减(64.00％ [H-L], 58.33％ [L-L])。

表 4-4　不同小组 LREs 处理效果对比

LRE outcome	Dyad type		
	H-H(8 dyads)	H-L(9 dyads)	L-L(4 dyads)
1（correct）			
n	67	32	7
%	88.16	64.00	58.33
M	8.38	3.67	1.75
SD	3.87	1.66	2.06
2（unresolved）			
n	3	8	4
%	3.95	16.00	33.33
M	0.38	0.89	1.00
SD	1.06	1.27	1.16
3（incorrect）			
n	6	10	1
%	7.89	20.00	8.34
M	0.75	1.11	0.25
SD	0.71	1.17	8.34

　　虽然所有组都正确解决了他们遇到的大多数语言问题,有两个较高水平的学习者的二人组显然比其他两组成功处理了更多的LREs。表 4-4 和图 4-2 还表明,随着组员总体语言水平的降低,其未得到解决的 LREs 也稳步增长。两个较高水平的学习者组成的组很少会放弃他们重构语篇时所遇到的语言问题。在 76 项 LREs中,学习者留下未解决问题的情况只出现了三次(3.95%)。然而,较低水平的学习者留下没有处理的 LREs 正好有三分之一(33.33%)。

　　研究者也用裂区设计对 LREs 的解决方式进行了方差分析,

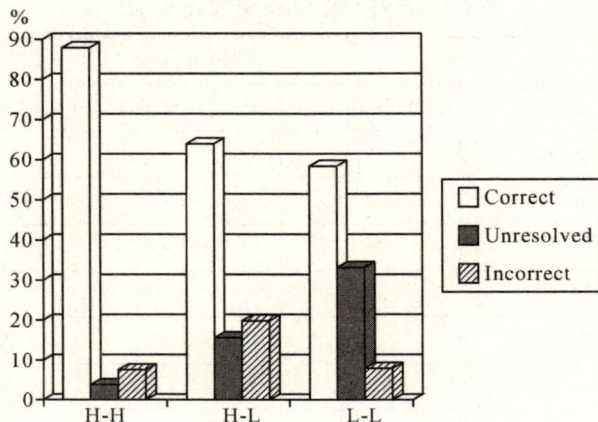

图 4-2　LREs 处理效果柱形图

以此来确定小组成员水平是否会显著影响其 LREs 的处理。方差分析显示,前者对后者的影响是显著的,$F(2, 24.22)$,$p < 0.0001$,能力的结果 $F(4, 5.08)$,$p = 0.0024$。费什的 PLSD 显示,H-H 二人组合正确地处理他们的 LREs 的情况明显多于他们未解决的情况($p < 0.0001$),或错误解决的情况($p < 0.0001$)。类似地,H-L 组正确解决的 LREs 显然多于那些未解决的($p = 0.0005$)或错误解决的($p = 0.0021$)。L-L 组 LREs 的三种解决情况之间则无显著差异。

费什的 PLSD 还揭示了以下显著区别:H-H 二人组正确解决的 LREs 往往多于 H-L 组($p = 0.0065$)或 L-L 组($p < 0.0001$)的解决数,H-L 组正确解决的 LREs 则往往多于 L-L 组($p = 0.0283$)。因此可以说,小组成员的能力,除了会影响产生 LREs 的数量和类型之外,还会影响 LREs 的解决数量和类型。

(四)研究结论

该研究显示,总的来说,学习者的确会关注形式,且小组成员的语言水平不仅会影响他们所关注的语言形式的数量和类型,还会影响他们关注的语言形式问题能否得以解决。这项研究的结果进一步证明了 Williams(1999，2001)的观点，即较高水平的学习者说出的 LREs 多于较低水平学习者说出的 LREs。Williams 的研究认为，在语言课程中，学习者的参与度决定了他们的熟练程度。但这项研究同时认为，同一门课程中，学习者的不同水平影响着他们自发注重语言形式的频率，以及 LREs 的关注形式。

关于"学习者水平影响了 LREs 的数量和类型"，其解释之一为：不同水平的学习者对任务的要求相对不同。尽管研究者没有实施什么理解手段以发现学习者究竟理解了听写任务中的多少信息，但也许低水平学习者还处在费力地从文中提取信息的状态。Swain & Lapkin(1998)报告了"平均水平"的学生在理解听写的文章时遇到的困难。因此，在本研究中使用的那篇文章，对高水平学习者来说难度适中，低水平学习者理解起来则有困难，这是完全可以理解的。L-L 组产生的少量 LREs 大多数是有关词义的(即词汇型)。即使他们的词汇型 LREs 涉及了单词的意义或介词的使用(72%)或词的拼写/发音(28%)，他们的重点仍然是在听到的短文中承担语义的部分，即词汇上的，而不是在语法上。对于更高水平的学习者，理解文意的要求较少，所以他们可能更容易像VanPatten (1990，1996)所说的，能够将更多的注意力转移到语法形式上。因为没有采取措施衡量他们对文意理解的程度，所以这种推理只是猜测。

如果"LREs 代表了二语习得的过程"是事实，那么正如一些研究者所说的，此研究的发现有明显的教学启发，可用以指导合作学习时对学生的分组。虽然 Storch(1999)发现，总体而言，学习者在合作任务中比独自一人表现更好，但本研究的结果以及 Yule & Macdonald (1990)的观点都表明，各学习者的受益程度并不相同。在这项研究中，如果说两个较高水平的学习者做搭档，则他们注意到的语言形式、解决的语言问题都会大大增多，两人都会受益。而当这些学生并没有搭配其他更高水平的学习者时,他们注意语言形式及成功解决 LREs 的机会都大大降低了。另外,对 H-L 组数据的进一步分析显示,该组中的较高水平成员先说出的 LREs 恰好占总 LREs 的一半(50％)。而 L-L 二人组合仅正确解决了两个LREs(8％),且这两个都是词汇型的。这是不是说明,只有同比自己水平更高的学习者搭档的时候,学习者才会受益呢(就其关注LREs 的机会而言)?

这项研究的结果还表明,同更高水平的学习者搭档的人,比起搭配水平更低的学习者的人,其注意语言形式、解决 LREs 的机会更大。对于这些学习者来说,听写任务是一种既关注内容,也可以引导他们关注语言形式的学习方式。而学习者的水平既会影响他们关注到的语言形式,也会影响到他们能不能很好地处理遇到的语言问题。

第二节　分组方式

一、分组方式及同伴反馈的有效性

现有的同伴反馈研究中,研究者以不同的方式将实验对象进行分组。例如,杨苗(2006)让研究对象自由选择搭档;孟晓(2010)让研究对象 2 人一组进行反馈;莫俊华(2007)让实验对象与邻座同伴组成 2—3 人的反馈小组;邓鹏鸣等(2010)让实验对象自由组合成对子;邵名莉(2009)的反馈小组由 4 人自由组合而成;蔡基刚(2011)则根据实验对象的现有写作水平进行分组,每个反馈小组都由 5 个不同语言水平的学生组成,并且实行轮流反馈制,每个学生每次活动都修改不同同伴的作文。前人研究的分

组方式大多为学习者自由组合(杨苗 2006;邵名莉 2009;邓骊鸣
2010)或随机组合(Kamimura 2006;Lundstroms & Baker 2009;
孟晓 2009;白丽茹 2013)。前面研究表明,学习者语言水平是影响
同伴反馈的重要因素。分组方式的不同也影响反馈的有效性。

　　小组同伴反馈活动的分组形式主要有:①在尊重学生意愿的
基础上由学生自由结合而成的小组;②根据学生水平分成的高、
中、低小组;③由不同水平的学生组成的混合小组。针对当前的研
究情况,绝大多数研究者支持混合小组,认为这种分组方式是收益
最大的。

二、分组方式优化策略

　　针对分组方式,在语言水平小节已做详细介绍,因此这里不再
重复介绍。除了前面探讨的内容之外,为了让学生的反馈尽可能
合理,教师可以按照组内异质、组间同质的原则组建同伴小组。每
个小组包括水平高、中、低三个档次 3 名学生,其中高水平学生向
中等水平学生提供反馈,中等水平学生向低水平学生提供反馈,然
后各组之间高、中、低三种水平的学生再与水平相当的学生进行相
互反馈,这样既能尽量减少低水平学生反馈意见的不合理性,又能
使不同层次的学生接触到多种同伴反馈。此外,同伴小组合作氛
围也非常重要。Nelson & Murphy(1993)的研究发现,同伴评语
采用率似乎取决于小组活力(group dynamics)。根据小组活力理
论,只有在小组成员互勉、互助、互爱的环境中,同伴合作才会取得
最佳的效果。为了营造小组成员之间积极互动、相互鼓励的低焦
虑环境,写作教师应在学生进行同伴反馈之前强调此项活动的意
义,让学生明确同伴反馈的优越性,同时鼓励小组成员相互支持、
相互倾听、相互信任。分组方式不是固定不变的,在必要的时候教
师可以进行重组,即教师应该考虑多重互评。Cho et al. (2006)认
为,多个学生给出的反馈意见可能要比单个专家给出的建议更加

有效。在 Min(2006)的研究中,每个学生需要评价最少两篇文章。因此,重组无疑会增加反馈建议的数量,提高反馈的效果。另外,关于小组成员的规模,相关研究表明最好为3—4人,太大则影响反馈效率。

三、分组方式具体实证研究介绍

冯美娜(2015)对比分析了中国英语学习者在不同分组情况下同伴反馈活动的过程和效果,并将研究成果集结成论文《语言水平及结对方式对同伴反馈效果的影响研究》,发表在《宁波大学学报(教育科学版)》2015 年第 3 期。该研究的数据来自三本院校英语专业一年级 4 个平行班中 120 名学生的写作文本、问卷调查和访谈记录。结果表明:同伴反馈对各个小组学生的写作能力总体上产生积极影响,但小组内部成员的语言水平及配对方式影响着同伴反馈的效果。研究综合考虑了反馈质量、有效采纳数量及写作文本提高分数等因素,认为高低配对组是同伴反馈的最大受益者,之后依次是高高组、低低组,而低高组的反馈效果最不理想。同时,被评阅者对同伴语言水平期望的调查进一步支持了研究结果。下面将概括性地归纳该研究的研究问题及结论,具体详细地介绍实验过程及调查结果,以期该部分分析为本小节提出的观点提供实证依据,同时为其他研究者进行类似实证研究提供具体参考。

(一)研究问题

在中国基础性的大学英语教学中,写作一直是学生的薄弱环节,而写作反馈的成效直接影响了学生写作水平提高的速度。当前,同伴反馈作为教师反馈的有效补充,被国内外很多高校应用到二语/外语课堂教学实践中,并取得了不错的效果。然而当前的研究更多地关注同伴反馈的结果,对于同伴反馈过程中的分组方式及不同分组方式下的反馈特点没有充分重视。前人研究的分组方式大多为学习者自由组合(杨苗 2006;邵名莉 2009;邓骊鸣 2010)

或随机组合（Kamimura 2006；Lundstroms & Baker 2009；孟晓 2009；白丽茹 2013），未考虑小组内部成员语言水平的差异性。那么，同伴反馈过程中小组内部成员的不同语言水平及配对方式是否会影响同伴反馈的效果呢？配对方式的不同，是否会导致有些学习者在同伴反馈中受益很大，而有些学习者收效甚微呢？

孔文（2013）对来自江苏某高校英语专业的 60 名大二、大三学生的同伴反馈活动进行了调查，小组类型分为对称组（一名大二学生指导一名大二学生）和非对称组（一名大三学生指导一名大二学生），研究结果表明两组在话题种类和数量方面无显著性差异，在同伴反馈采纳率和对作文修改稿质量的影响上也无显著性差异。因此，孔文提出教师在分组方式上无须纠缠于对称、非对称问题。Leeser（2004）对 42 名西班牙二语学习者的合作听写任务进行了调查。结果发现，组内语言水平的不同搭配对同伴反馈的数量、类型和效果有很大影响。不同小组反馈的数量依次是高高组、高低组和低低组。反馈类型方面，高高组更加注重语法形式层面，而低低组主要关注词汇语义层面。研究表明，低低水平的搭配不是很成功。高歌（2010）的研究也指出了分组方式的不同对同伴反馈效果的影响。结果显示，语言水平混合小组效果最好，纯粹高水平小组效果次之，而纯粹低水平小组效果最不好，且低水平小组中大部分学生对他们的分组类型的有效性持否定或不确定态度。

孔文的研究中非对称小组（高评低）为大三学生指导大二学生，小组成员不是来自同一班级，而实际教学中的同伴反馈通常是在同一个班级成员中进行的；Leeser 的研究中反馈内容不是针对英语写作文本而是合作听写任务；高歌的研究没有充分考虑小组成员的主观情绪影响，当面对面讨论时，低水平小组成员发现其他小组成员的语言水平比自己小组高，势必对自己组缺乏信心，从而影响对同伴建议的采纳及对同伴反馈的态度。成功脚手架（scaffolding）需要小组成员尊重其他人的观点和信任对方的意见

(Stone 1993)。

除了以上分歧之外,Leeser 和高歌的研究主要关注的是不同类型小组的整体收获情况,针对个人(被评阅者)获得不同语言水平评阅者反馈后的不同受益程度分析得不够深入。在课堂随机或自愿分组过程中可能出现四种不同类型的搭配方式,即高评高、高评低、低评高、低评低。鉴于此,本研究将对这四种结对方式的反馈特点及效果进行综合探讨,进而分析出使被评阅者受益最大的结对方式或不成功的结对方式,为教师在课堂教学实践中根据学习者语言水平的不同而更加有效地设计分组提供实证依据,最终使不同语言水平学习者都能从同伴反馈中获得更大的收获。

研究包括以下问题:①总体上不同类型小组在反馈质量、反馈准确率及有效采纳率方面效果如何? ②不同类型小组在反馈总数、合理反馈总数、有效采纳总数方面有何差异? ③不同类型小组反馈后修改稿分数提高方面有何差异? ④不同类型小组中被评阅者对同伴语言水平的期望有什么不同?

(二)实验设计

1.研究对象

研究对象为某外语类院校(三本)英语专业一年级 4 个班。每班选择高分学生 15 名,低分学生 15 名,共 120 人。(判定标准:根据他们 2013 年 12 月份的大学英语四级成绩,从排名的前 1/2 中选择高分学生,后 1/2 中选择低分学生。最后确定的分数区间为 $500 \leqslant 高分 \leqslant 580; 400 \leqslant 低分 \leqslant 480$,检验结果显示,四个班的高分之间、低分之间不存在显著性差异;而低分和高分之间存在显著性差异($p < 0.01$)。研究的分组方式为:A 班的高分组与 B 班的高分组互评;A 班的低分组与 B 班的低分组互评;C 班的高分组与 D 班的低分组互评;C 班的低分组与 D 班的高分组互评。小组类型有四种,分别叫作组 1、组 2、组 3、组 4。组 1 为高高(H-H),即高评高;组 2 为高低(H-L),即高评低;组 3 为低高(L-H),即低评高;

组 4 为低低(L-L),即低评低。这样本研究得到了 120 份四种类型的数据。(分配原则为对称组高高组、低低组学习者语言水平的差异≤20 分;非对称组高低组、低高组语言水平的差异≥60 分)

相关研究表明,在面对面互评时,低水平学习者可能不愿意去挑战水平高于自己的学生的看法,而高水平学习者对低水平学习者的建议可能不是很信任(Carson & Nelson 1996)。因此,本研究采取笔头评阅且文本匿名的方式,以避免学习者主观因素的影响。

2. 实验过程

为了保证实验数据的客观性,同伴反馈活动是在班级所有成员中进行的。同伴反馈培训能帮助学生在一定程度上掌握和有效运用反馈技巧,因此研究者在实验前对学生进行了详细的培训,内容包括同伴互评原则,互评内容及如何提出具体、清晰的建议等。实验批改的文本为该周学生刚刚写的大学英语六级模拟考试的作文,字数在 150—200 词之间。课堂上教师根据实验的设计,把带有编号的匿名文本分配给评阅者,他们按照反馈评阅表的要求,对文本内容、语言、语法进行大约 30 分钟的评阅。评阅的语言可以是英语也可以是汉语,以便更充分地获取反馈信息。文本评阅完成后,教师统一收齐再分发给写作者,他们根据评阅者的反馈意见写出修改稿,大约用时 30 分钟。120 名学生的初稿和修改稿为本研究的重点分析数据。

3. 数据收集与分析

本研究主要通过三个步骤收集数据,使用 SPSS16.0 统计软件进行分析。

(1)不同类型小组初稿、修改稿文本对比。反馈数量和质量的统计建立在 Hyland(1998)和高歌(2010)研究的基础之上,即每一个关注文章不同方面的书面介入(written intervention)都被看成一个独立的反馈点,包括每一个符号和标记、对问题的画线、完整的修改及具体的评论和建议。为了比较不同分组情况下同伴反馈的质量,研究者将所有的反馈点分为合理和不合理。合理的(usable)反馈点是指那些确实能以某种形式对文章的修改起到作用的反馈点(Hyland 1998)。有些总体评价,正面的肯定或读者的反映等,未被算作合理的反馈点。反馈的有效采纳率是指学生对合理反馈点的成功修改,未采纳、错误采纳或重复采纳不列入有效采纳的范围。

(2)不同类型小组反馈前的初稿和反馈后的修改稿成绩对比。为提高教师评分的信度,另请同校一位经验丰富的英语教师使用同样的评分标准(大学英语六级写作评分标准)对所有学生的初稿和修改稿进行评分,两个分数的平均值为作文的最后得分。经检验,两位老师的评分信度较高。(初稿组内相关系数 ICC=0.830,修改稿 ICC=0.808)。

(3)问卷、访谈得到的学生对同伴语言水平的看法、期望等数据。

(三)研究结果与分析

1.四种类型小组反馈质量、准确率及采纳率总体分析

表 4-5　不同小组同伴反馈质量及采纳率对比结果

组别 ＼ 效果	文本数量	反馈总数	合理反馈数	反馈准确率(%)	有效采纳数	有效采纳率(%)
组 1(H-H)	30	250	232	92.80	198	85.34
组 2(H-L)	30	392	368	93.88	244	66.30
组 3(L-H)	30	150	112	74.67	98	87.50
组 4(L-L)	30	232	198	85.34	158	79.80
总　数	120	1024	910	88.87	698	76.70

从表 4-5 可见,四种类型的小组共提供反馈 1024 个,其中合理反馈 910 个,同伴反馈平均准确率高达 88.87%。其中高水平学习者的反馈准确率高于低水平学习者,组 4 的低水平学习者高

于组 3 的低水平学习者(85.34%＞74.67%),这是由于两组被评阅同伴的语言水平不同。当低水平学习者给高水平学习者提供反馈时,由于语言水平相对较低,反馈的准确性也受到影响。四种类型小组的有效采纳建议共 698 个,如表 4-5 所示,各组学生采纳了大多数意见,但高水平学习者采纳率高于低水平学习者,低水平学习者中组 2 的采纳率最低(66.30%),通过文本分析及个别访谈发现,组 2 成员意见采纳率低的主要原因是对建议理解不充分而未采纳或采纳错误等情况。这一结果与杨苗(2006)的调查相似,理解错误是不成功修改的最主要原因。Leeser(2004)指出,同伴反馈过程中,语言能力较强一方的意见往往超出了较弱一方的最近发展区,很难被内化和接受。以上数据部分支持了这一观点,但本研究认为此类意见的比例相对较小,鉴于具体班级中高分、低分学习者语言水平的差异程度不是特别大,因而大多数的意见都可以被低水平学习者有效采纳。

上述调查说明总体上同伴有能力进行修改且意见被采纳率比较高,但语言水平及配对方式不同影响同伴反馈的效果。图 4-3 更清晰地显示了不同小组反馈效果的差异性,组 2 效果最好,随后依次是组 1、组 4、组 3。

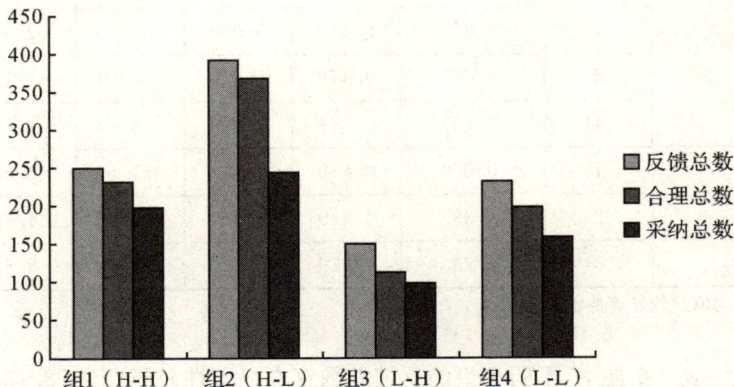

图 4-3　不同小组反馈质量及采纳率柱形图

2. 不同类型小组反馈总数、合理反馈总数、有效采纳总数比较

（1）反馈总数比较

表 4-6　不同小组反馈总数单因素方差分析结果

	平方和	自由度	均方	F 值	显著性
组间	1011.467	3	337.156	98.168	0.000
组内	398.400	116	3.434		
总和	1409.867	119			

表 4-7　不同小组反馈总数事后多重比较检验结果

（I)组别	（J)组别	均值差(I-J)	标准误	显著性	95% 置信区间	
					下限	上线
1	2	−4.733*	0.479	0.000	−5.68	−3.79
	3	3.333*	0.479	0.000	2.39	4.28
	4	0.600	0.479	0.212	−0.35	1.55
2	1	4.733*	0.479	0.000	3.79	5.68
	3	8.067*	0.479	0.000	7.12	9.01
	4	5.333*	0.479	0.000	4.39	6.28
3	1	−3.333*	0.479	0.000	−4.28	−2.39
	2	−8.067*	0.479	0.000	−9.01	−7.12
	4	−2.733*	0.479	0.000	−3.68	−1.79
4	1	−0.600	0.479	0.212	−1.55	0.35
	2	−5.333*	0.479	0.000	−6.28	−4.39
	3	2.733*	0.479	0.000	1.79	3.68

* 均值差的显著性水平为 0.05。

表 4-6 显示，不同小组的反馈总数存在显著性差异（F＝98.168，p＜0.01），表 4-7 事后检验（Post Hoc Tests）结果显示，反馈总数最

多的组 2 与其他三组均存在显著性差异（p＜0.01），反馈总数最少的组 3 与其他三组均存在显著性差异（p＜0.01），组 1 和组 4 反馈总数不存在显著性差异（p＝0.212）。虽然两组语言水平不同，但是在反馈总数方面不存在显著性差异，这可能是由于低水平学习者的写作文本需要修改的空间比较大。前人的研究通常未讨论反馈总数的调查（Leeser 2004；杨苗 2006；高歌 2010），但对此方面的调查能进一步比较各组反馈总数与合理反馈总数的关系，从而了解不同小组反馈的准确性，而反馈的准确性也是同伴修改能力的一个检测标准。

（2）合理反馈总数比较

表 4-8　不同小组合理反馈总数单因素方差分析结果

	平方和	自由度	均方	F 值	显著性
组间	1132.367	3	377.456	175.984	0.000
组内	248.800	116	2.145		
总数	1381.167	119			

表 4-9　不同小组合理反馈总数事后多重比较检验结果

(I)组别	(J)组别	均值差(I-J)	标准误	显著性	95％ 置信区间 下限	95％ 置信区间 上限
1	2	−4.533*	0.378	0.000	−5.28	−3.78
1	3	4.000*	0.378	0.000	3.25	4.75
1	4	1.133*	0.378	0.003	0.38	1.88
2	1	4.533*	0.378	0.000	3.78	5.28
2	3	8.533*	0.378	0.000	7.78	9.28
2	4	5.667*	0.378	0.000	4.92	6.42

（I）组别	（J）组别	均值差（I-J）	标准误	显著性	95％ 置信区间	
					下限	上限
3	1	−4.000*	0.378	0.000	−4.75	−3.25
	2	−8.533*	0.378	0.000	−9.28	−7.78
	4	−2.867*	0.378	0.000	−3.62	−2.12
4	1	−1.133*	0.378	0.003	−1.88	−0.38
	2	−5.667*	0.378	0.000	−6.42	−4.92
	3	2.867*	0.378	0.000	2.12	3.62

* 均值差的显著性水平为 0.05。

从表 4-8 可见，不同小组的合理反馈总数存在显著性差异（F=175.984，p<0.01），表 4-9 中事后检验结果与之前各组反馈总数的调查结果不同。四个小组的合理反馈总数均存在显著性差异（p<0.01），组 1 和组 4 在合理反馈总数方面存在显著性差异的主要原因是语言水平高的组 1 比语言水平低的组 4 的反馈准确率高。

四个小组的反馈质量依次是组 2，组 1，组 4，组 3。因此，在同伴反馈中若要提高修改效果，最好采用组 2 高评低的配对形式。访谈中学生也表达了同样的观点。"我希望评阅比自己水平低的写作文本，这样能找出更多的错误和问题，自己有成就感，同时也能更多地帮助他人。"后期对语言水平期望的调查中，也证实了这一结论，超过一半（59.40％）的学生期望被水平高于自己的同伴评阅，以提高修改建议的质量。组 3 的修改效果最不理想，因此在同伴反馈中应尽量避免这一反馈类型。Mangelsdorf（1992）指出，水平较好的学习者对于水平较差的学习者的反馈是合理的、充分的；而反过来则不然，后者基本上无法对前者甚至同水平同伴的作文做出合理的反馈。本研究数据对该观点进行了补充，即语言水平较好的学习者对于水平低的学习者或水平相同的学习者的反馈效果较好,而水平低的学习者之间的反馈效果稍差,水平低的学习者对水平高的学习者的反馈效果最不理想。

（3）有效采纳总数比较

表 4-10　不同小组有效采纳建议描述性统计结果

组别	N	均值	标注差	标准误	95% 置信区间		最小值	最大值
					下限	上限		
1	30	6.60	1.522	0.278	6.03	7.17	4	9
2	30	8.13	1.432	0.261	7.60	8.67	6	11
3	30	3.27	1.015	0.185	2.89	3.65	2	5
4	30	5.27	1.721	0.314	4.62	5.91	4	9
总数	120	5.82	2.294	0.209	5.40	6.23	2	11

表 4-11　不同小组有效采纳总数事后多重比较检验结果

(I)组别	(J)组别	均值差(I-J)	标准误	显著性	95% 置信区间	
					下限	上限
1	2	−1.533*	0.373	0.000	−2.27	−0.79
	3	3.333*	0.373	0.000	2.59	4.07
	4	1.333*	0.373	0.001	0.59	2.07
2	1	1.533*	0.373	0.000	0.79	2.27
	3	4.867*	0.373	0.000	4.13	5.61
	4	2.867*	0.373	0.000	2.13	3.61
3	1	−3.333*	0.373	0.000	−4.07	−2.59
	2	−4.867*	0.373	0.000	−5.61	−4.13
	4	−2.000*	0.373	0.000	−2.74	−1.26

（I）组别	（J）组别	均值差（I-J）	标准误	显著性	95％ 置信区间	
					下 限	上 限
4	1	−1.333*	0.373	0.001	−2.07	−0.59
	2	−2.867*	0.373	0.000	−3.61	−2.13
	3	2.000*	0.373	0.000	1.26	2.74

* 均值差的显著性水平为 0.05。

单因素方差结果显示各组在有效采纳总数方面存在显著性差异（$F = 61.185, p < 0.01$）。从表 4-10 可以看出，不同小组有效采纳均值数量依次为组 2、组 1、组 4、组 3。表 4-11 显示，有效采纳数最低的组 3 与其他三组均存在显著性差异（$p < 0.01$），这进一步说明了组 3 的配对方式不成功。不同小组在有效采纳数量方面的调查结果与之前合理反馈总数的结果相同。

对高、低水平学习者的反馈效果进一步比较可以得出：高评高好于低评低。此外，当低水平学习者得到高水平学习者提供的反馈时，其效果甚至好于高水平学习者之间的反馈；当高水平学习者得到低水平学习者提供的反馈时，其效果甚至低于低水平学习者之间的反馈，因此我们得出结论——配对方式对同伴反馈的影响大于语言水平的影响。综合反馈数量、质量、有效采纳率等因素，在分组方式上本研究数据更支持组 2 的方式。研究结果支持了 Storch（2011）的观点，即语言能力较弱的一方在语言能力较好一方的帮助和支持下，可以完成其无法独立完成的任务，从而促进 L2 写作潜能的发展。这一结论进一步支持了 Vygotsky（1978）的最近发展区理论。通过高评低的配对方式，能力较强者为较弱者搭建起从现有能力至稍高能力所需的触手可及的"脚手架"，从而实现其最近发展区内的学习潜能。

3. 不同类型小组反馈后作文成绩提高程度对比

表 4-12　初稿、修改稿成绩对比结果

组别	初稿		修改稿		提高分数	显著性
	平均分	标准差	平均分	标准差		
组 1（H-H）	10.23	0.679	11.60	1.003	1.37	0.000
组 2（H-L）	7.23	0.935	9.47	0.776	2.24	0.000
组 3（L-H）	10.47	0.819	10.60	0.724	0.13	0.043
组 4（L-L）	7.47	0.730	8.67	0.661	1.20	0.000

在作文成绩方面，表 4-12 的结果表明，四种类型的小组在同伴反馈活动后修改稿质量都有所提高（p＜0.05）。经过学习者的思考和修改，修改稿在语法方面的错误减少了，内容表达更清晰，篇章结构得到了优化。其中组 1、组 2、组 4 的修改稿质量提高幅度非常显著（p＜0.01），组 3 的提高幅度边缘显著（p＝0.055）。组 2 是此项研究中提高分值最大的，其后依次是组 1、组 4，而组 3 的提高幅度不如其他几组大。初稿和修改稿分数的数据进一步印证了前面的分析，即语言水平及搭配方式影响同伴反馈的效果。深入分析后，我们发现各小组修改稿提高幅度与各小组采纳建议的数量正相关，这一结果与 LaPierre（1994，转引自 Leeser 2004）的研究一致，即后测成绩与产出的语言相关事件（LREs）的数量显著正相关。其结果进一步支持了研究者们得出的结论：LREs 积极地影响 L2 语言的发展（Swain & Lapkin 1998）。因此，若要提高同伴反馈的效果，增加合理反馈意见的数量及提高同伴反馈的有效采纳率无疑是一个有效的手段。

4. 不同类型小组中被评阅者对同伴语言水平的期望调查

调查显示，97％的被评阅者希望同伴语言水平高于自己或和自己相当，3％的人对同伴的语言水平未做要求。具体体现在各个小组中，组 1 所有高水平成员希望同伴语言水平高于自己，组 2、组 3、组 4 中 24.40% 的学习者希望同伴的语言水平高于自己，75.60% 的学习者认为水平高于自己或水平与自己相当都可以。调查表明，绝大多数学生不希望被低于自己水平的同伴评阅，甚至一半以上学生不希望被相同水平的同伴评阅。学生的期望进一步支持了前面的研究结果，即高评低是最理想的配对方式，其次是相同水平的配对方式。

鉴于这种情况，在同伴反馈活动分组随机的情况下，研究者建议最好实行匿名反馈，这样会减少学生主观情绪的影响。在本研究中，组 3 和组 4 都是低水平学习者提供反馈，但在结果采纳方面并没有因为评阅者的语言水平低而受到影响。而高歌（2010）的调查发现，在非匿名情况下，组 4 低水平小组同伴反馈的采纳率仅有 40%。由此可见，反馈源语言水平的公开与否影响同伴反馈意见的采纳，许悦婷（2010）也提出了相似的观点。

（四）研究结论

第一，小组内部同伴语言水平的差异影响同伴反馈的效果。对高、低水平学习者的反馈效果比较可以得出，高水平学习者在反馈准确率及有效采纳率方面都高于低水平学习者，且高评高组的总体反馈效果好于低评低组，这一结果与 Williams 的实验调查相一致，语言相关事件的数量和质量随着语言水平的提高而增加，即高水平学习者反馈效果好于低水平学习者。

第二，小组内部成员的不同结对方式影响同伴反馈的效果，四个小组的结对方式不同，其反馈效果也不同，最理想的结对方式为高评低组合。研究结果支持了 Storch 的观点，即语言能力较弱的一方在语言能力较好一方的帮助和支持下，可以完成其无法独立完成的任务，从而促进 L2 写作潜能的发展。这一结论进一步支持了 Vygotsky 的最近发展区理论。通过高评低的结对方式，能力较强者为较弱者搭建起从现有能力至稍高能力所需的触手可及的"脚手架"，实现其最近发展区内的学习潜能。此外，比较理想的结对方式为高评高和低评低,低评高不理想。这一结果较Mangelsdorf 的观点更积极,他认为水平较高的学习者对水平较低的学习者的反馈是合理的、充分的;而反过来则不然,后者基本上无法对前者甚至同水平同伴的作文做出合理的反馈。本研究数据对该观点进行了补充,即语言水平较高的学习者对水平低的学习者或水平相同的学习者的反馈效果较好,而水平低的学习者之间的反馈效果次之,水平低的学习者对水平高的学习者的反馈效果最不理想。

第三,结对方式对同伴反馈效果的影响大于语言水平。进一步比较四组的反馈效果发现:当低水平学习者得到高水平学习者提供的反馈时,其效果甚至好于高水平学习者之间的反馈;当高水平学习者得到低水平学习者提供的反馈时,其效果甚至低于低水平学习者之间的反馈。因此,在同伴反馈活动中,教师应根据学习者语言水平的不同,有针对性地设计分组方式而非随机组合或自由组合,从而使每一位学习者都能在同伴反馈中获得更大的收获。

第四,修改稿分数提高幅度与各小组采纳建议的数量正相关。深入分析后我们发现,各小组修改稿提高幅度与各小组采纳建议的数量正相关,即后测成绩与产出的语言相关事件的数量显著正相关。因此,若要提高同伴反馈的效果,增加合理反馈意见的数量及提高同伴反馈的有效采纳率无疑是一个有效的手段。

第五,反馈源语言水平的公开与否会影响同伴反馈意见的采纳。在本研究中,组3和组4都是低水平学习者提供反馈,但在采纳结果方面并没有因为评阅者的语言水平低而受到影响。而高歌的调查发现,在非匿名情况下,组4低水平小组同伴反馈的采纳率仅有40%。由此可见,反馈源语言水平的公开与否影响同伴反馈意见的采纳,许悦婷的调查也提出了相似的观点。因此,为了在更加真实无偏见的情况下进行同伴反馈活动,教师不仅需要充分考虑小组成员的语言水平及分组方式,还需灵活使用匿名或非匿名的形式。

第三节　评改类型

一、评改类型及反馈的有效性

Faigley & Wittee(1981)认为，作文写作过程中因为修改而发生的变化可以分为表层变化（surface changes）和意义变化（meaning changes）。表层变化是指对"低层次的问题（LOC）进行修改，包括修改语法、时态、拼写、选词和符号"。意义变化是指对"高层次的问题（HOC）进行修改，包括对文章的篇章结构进行调整"。以上两个层面的关注点主要是作文的形式和内容。学生在意义和表层两个层面都能做出修改（Berg 1999；Paulus 1999）。至于学生在哪个层面能做出更多的修改，研究者们也是众说纷纭，莫衷一是。

Connor & Asenavage(1994)把 8 名学生分为两个小组，调查同伴反馈对两组学生修改类型的影响，发现其中一组做出更多的表层修改，另一组做出更多的意义修改。有相关研究表明，学生最容易提出的修改意见为表层修改，而学生最容易根据修改意见做出的修改也是表层修改（Paulus 1999）。该观点得到很多其他研究的认同。例如，Leki(1990)发现，学生往往只注意作文语法等方面的修改，对深层篇章结构等方面的修改很少。Berger(1990)对 46 名学生作文修改类型的调查发现，大多数（65％以上）的修改变化属于表层变化。国内的很多研究也支持这种结论。唐丰(2009)对 71 名大二非英语专业学生的调查显示：修改的 67.4％是表层变化，32.6％是意义变化。张立（2008）通过问卷调查发现，63％的学生认为同伴给出的修改意见多属表面修改，认为属语意修改的仅占 30%。Mei Ting & Yuan Qian(2010)的研究发现学生 82.4% 的修改为表层修改。然而也有研究发现学生能做出更多的意义修改。例如,王翔（2004）在对学生进行同伴反馈培训时向学生强调,反馈应更多地从文章的整体结构和内容出发进行思考,而不是只停留在语言层面上出现的问题。经过培训后,学生关于内容结构的反馈达到 60% 左右,关于形式的反馈约占 40%。总而言之,更多的研究发现参与同伴反馈的学生比较关注形式,即"低层次的问题",如语法、词汇、拼写等细节,而非文章的篇章结构和内容。

　　产生这一现象的原因主要有:第一,受传统语法教学法的影响,"教师普遍把语法错误等形式问题看得十分重要"（Robb、Ross & Shortreed 1986；Tao 2004）。尽管语法改错很耗时,但几乎所有教师都以某种形式对学习者的语法错误进行不同程度的纠正（宋铁花 2011）。戚焱(2004)的研究表明,学习者获得最多的教师评语是有关语法和词汇方面的,而学习者最重视词汇和语法错误,因而相应地学生在同伴反馈时会注重表层方面的错误。第二,教师事先没有给予缺乏经验的学生一定的同伴反馈培训（Berg 1999；龚晓斌 2007）。Berg 认为,学生先前所接受的同伴反馈培训对文章的修改类型和修改作用有相当大的影响。如前所述,王翔（2004)在对学生进行同伴培训时向学生强调,反馈应更多地从文章的整体结构和内容出发进行思考,结果表明,学生关于内容结构的反馈占大多数。第三,教师在给学生进行同伴反馈培训时,常兼顾文章的形式和意义,而学生反馈的重心仍然会偏向形式,因为他们毕竟有所选择,当然会选择那些容易操作的层面,即形式问题,而回避具有一定深度和难以把握的内容问题。尽管研究者们对学生接受同伴反馈后做出修改层面的不同进行了对比和分析,但是,对语法错误的反馈和对内容的反馈哪个更有助于学生写作能力的提高,至今尚未有定论。

二、评改类型优化策略

教师评改类型的研究同样可以作为同伴反馈研究的参考。大量关于教师书面反馈有效性的研究（Truscott 1996；Ferris 1997；Ferris & Roberts 2001；Chandler 2003）发现，反馈焦点（feedback focus）和反馈策略（feedback strategy）是影响教师反馈效果的两个主要因素。反馈焦点指的是反馈针对什么方面的写作问题，属于语言形式问题还是内容与篇章结构问题。反馈策略又称"反馈模式"（feedback mode）或"反馈条件"（feedback condition），指的是教师采用的反馈方法（直接修改、间接提示）以及提供反馈信息量的多少。

吴炜（2015）研究了我国英语写作教学中教师反馈焦点和反馈策略对英语写作修改效果的交互影响。通过因素方差分析、多重比较等统计方法，对43名大学生一稿中296个教师书面反馈点及对应的学生修改进行了分析。结果发现，反馈焦点和反馈策略对学生作文的修改效果有显著交互作用。具体来说包括以下方面：①对于语言错误，标明错误的准确位置、直接标明错误类型的反馈策略的效果较好；②对于内容方面的写作问题，标明错误的准确位置、间接指出错误类型的反馈策略效果较好；③结构反馈对反馈策略不敏感。

一些研究者提出，两种反馈都可以提高二语学习者的写作水平（Ferris 1997；Ashwell 2000）。Williams（1994）认为，如果只专注意义，学生就会忽视准确性，而准确性是成功语言习得的重要组成部分。因此，不应摒弃或忽视对写作形式的反馈。反过来，如果只专注形式，学生就会忽视文章内容和整体结构，可能会产生语言准确而结构混乱或缺乏连贯性的文章或句子片断，达不到语言交际的效果。"低层次的问题"关注的是语言的形式即准确性问题，而"高层次的问题"关注的是文章的整体结构和内容，是语言的流畅性问题。准确性和流畅性是评价语言输出的两个维度,具有同等重要的地位,在进行反馈时不应该顾此失彼。当然,对初稿一次性进行全方位的详细反馈是不合理的。一方面,学生可能会因为被指正的错误点太多而信心遭受打击,产生厌恶写作或者逃避写作的情绪;另一方面,全面的纠错信息可能会导致学生挑选比较容易操作的即语言表层的错误进行修改,而回避较难的对文章篇章结构方面的修改。由此又产生了反馈操作时另一个值得探索的问题,即表层和意义反馈哪种反馈该优先的问题。Raimes(1983)提出,应该先对学生的写作做出意义层面的反馈,再进行语法纠错。绝大多数研究者赞同这种观点,认为同伴反馈时应优先考虑意义方面的内容,只有当内容确定下来了才有进行形式修改和完善的必要,写作的交际技能才能更好地体现出来。因此,在同伴反馈培训中,教师可以引导学生在初稿时先对文章内容结构方面进行反馈,在第二稿中再反馈语言的问题。但是,并不是所有情况下都必须拘泥于这种反馈顺序。如果学生初稿时的内容结构方面没有或者较少出现问题,则在初稿时就可对语言的表层错误做出反馈。

三、评改类型国外典型实证研究介绍

Strijbos(2010)对学术写作反馈任务中同伴反馈内容的类型及反馈者能力进行了调查。英文题目为"Peer Feedback Content and Sender's Competence Level in Academic Writing Revision Tasks: Are They Critical for Feedback Perceptions and Efficiency?",文章发表在 *Learning and Instruction*,2010 年第 20 期,页码范围:291-303。同伴反馈的内容是同学评改中的核心组成部分,但不同的反馈内容所产生的效果却很难界定。该实验的被试为 89 名研究生,分为五组,其中四组为实验组,一组为控制组。实验组被试收到来自能力水平不同的同学对他/她做出的概括性的或详细的反馈。调查发现,由水平较高的同学所做出的详

细反馈内容更加充分,但会给被试带来消极影响。试验期间,收到概括性反馈的被试的表现较收到详细反馈的被试更好;而在后续测试中,由水平较低的同学评价的被试的表现优于被水平较高者评价的被试。可见,反馈认知和表现并不呈现相关关系。下面将概括性地归纳该研究的研究问题及结论,具体详细地介绍实验过程及调查结果,以期该部分分析为本小节提出的观点提供实证依据,同时为其他研究者进行类似实证研究提供具体参考。

(一)研究问题

形成性同伴反馈的特征在很大程度上是由反馈的重要性及其所发挥的作用决定的。然而,学界普遍认为反馈并不一定会带来积极的效果(Hattie & Timperley 2007;Kluger & DeNisi1996;Narciss 2008;Shute 2008)。此外,由于学生在学科领域并不十分精通,因此极易受到各种变量的影响。学生也对自己和同学在这一学科领域的知识以及同伴评改的技术存在怀疑(Hanrahan & Isaacs 2001)。

在写作教学,尤其是英语二语写作教学领域,学者们进行过一些关于同伴反馈变量的描述性研究。比如,Lockhart & Ng(1995)将反馈分为以下四种类型:权威型反馈(关注文本中的问题和错误)、解释型反馈(对文本做个性评价)、探究型反馈(重点在于理解文本试图表达的意义)以及合作型反馈(集中讨论文本中要表达的意义)。Berg(2003)将这四种评价类型归纳为两类——评价性反馈(权威型和解释型)及信息性反馈(探究型和合作型)。至今为止,仅有少数研究关注同伴反馈的内容(Cho & MacArthur 2010;Gielen et al. 2010;Sluijsmans & Kirschner 2006)。

越来越多的证据表明学生的情绪状态同样影响反馈对其表现发挥的作用(Shute 2008)。许多学生对同伴反馈的公平性存在疑虑(Sluijsmans, Dochy & Moerkerke 1999)并表示评改是教师的责任(Brown et al. 2009;Zhang 1995)。此外,评改者和被评改者对自己能力的评估及实际能力都会左右评估的情况,并且可能对同伴反馈的接受及其在后续表现中的应用产生重要影响(Kali & Ronen 2008;Lin,Liu & Yuan 2001)。本研究旨在说明同伴反馈中的内容相关因素和社会特征会影响反馈认知和学生表现,以及这种影响是如何实现的。

研究所要解决的第一个问题是反馈认知的衡量问题。作者假设根据理论制作的多维度反馈认知问卷能够充分反映反馈认知情况(假设1)。

第二个问题是关于同伴反馈的内容和反馈者的水平对反馈认知和后续表现的影响。基于此前调查学生更倾向于详细反馈的发现,作者假设与概括性反馈相比,详细反馈将会被认为更加充分,使学生更有意愿改进,以带来更积极的效果(假设2a)。此外,此前的研究显示学生认为教师水平更高,更倾向于教师反馈,因此作者假设与由水平较低的反馈者所做的反馈相比,由水平高者做出的反馈将会被认为更加充分,使学生更有意愿改进,以带来更积极的效果(假设2b)。结合以上两点,我们同样得出假设,由水平高者做出的详细假设被认为是最充分的,而由水平低者做出的概括性假设被认为是最不充分的(假设2c)。此前的许多试验性反馈研究中都已证实,获得任何形式的反馈都比没有获得反馈效果更佳。因而,作者认为获得同伴反馈的小组的表现将会优于控制组(假设3a)。根据此前对比学生反馈与教师反馈的研究,本文同样假设与由水平低者做出的反馈相比,水平高者的反馈能给学生的表现带来更加积极的效果(假设3b)。

第三个问题是调查反馈认知和反馈对学生表现的影响之间的关系。

(二)研究方法

1. 实验设计

本研究是关于反馈内容及反馈者水平对反馈认知和学生表现

的影响的调查。学生被分为四个实验组和一个控制组。四个实验组分别为收到高水平者概括性反馈组（Concise General Feedback from High Competent Group，简称 CGF-H 组）、收到低水平者概括性反馈组（CGF-L 组）、收到高水平者详细反馈组（Elaborate Specific Feedback from High Competent Group，简称 ESF-H 组）以及收到低水平者详细反馈组（ESF-L 组）。

在五个小组中进行的双因子实验设计是本次实验的被试间变量，三个阶段（实验前，实验中，试验后）为被试内变量。个人在文本修改中的表现为独立变量。

2. 被试

被试为 89 名来自德累斯顿工业大学的师范和心理专业研究生，其中有 68 名女性和 21 名男性，年龄范围为 20 到 40 岁（M＝24.71，SD＝4.14）。参与本次实验为课程要求的一部分，没有任何经济报酬。被试被随机分为五组，ESF-L 组为 17 人，其余四组各 18 人。

3. 实验材料

（1）任务

本次实验的语境为学术写作教学。被试被要求分别在实验前、实验中和实验后，从问题理解角度对一篇含有各种错误的文章进行修改。若要求被试从内容相关层面进行修改，将会需要他们对文本话题领域有一定的了解，因此选择文本理解标准。实验前所用文本为《被重新发现的，错误的记忆》（改编自 Pezdek 2001），实验后所用文本为《语言是怎样影响思想的：语言相关论与语言觉得论》（改编自 Slobin 2001）。两篇文章都曾被用于学术写作研究（Proske 2006）。每篇文章都被改动，都包含违反文本理解标准的错误（比如，使用过长的句子、科技词汇没有经过解释、副标题缺失）。实验中所用文本为《性的基础》，反馈则采用 Langer et al.（1999）的做法。文本中的第一个错误通常作为示例，向学生示范应当如何识别错误。实验前所用文章包含 13 处错误,实验中文本包含 24 处错误,实验后文本包含 29 处错误。

(2)反馈情景

研究者共设置了四个情景。反馈内容为由能力水平高或低的反馈者做出的详细或概括性的反馈。概括性反馈内容仅包括对结果的评价,而详细反馈则包括出现错误的位置、错误类型以及下一步该如何进行(参考 Narciss 2006,2008)。实验过程中,被试被告知反馈者的能力水平情况(仅高与低),如"以下反馈来自一位同学,到目前为止他在写作上的能力为高/低"。

4. 测量方法

(1)反馈认知问卷

实验期间,被试被要求将自己作为反馈接受者来考虑这些反馈,并且从公正性、有用性、接受度、改进的意愿和效果等方面说明他们对反馈的认识。问卷采用十级量表,0 分代表非常不同意,10 分代表非常同意。研究者为以上五个维度分别制作了调查问卷,其中四个问卷各包含以下几个问题:①公正性(如"我认为此反馈是公正的",一致性系数为 0.80);②有用性(如"此反馈对我有很大帮助",一致性系数为 0.82);③接受度(如"我对此反馈存在怀疑",一致性系数为 0.69);④改进的意愿(如"我愿意改进我的表现",一致性系数为 0.82)。反馈效果问卷包括六个问题(如"如果我收到这样的反馈,我会认为这是对我的冒犯",一致性系数为 0.81)。负面词汇都已被重新组织编码,以便衡量较积极的效果。

(2)文本理解标准

在实验前测试中,被试被要求根据个人写作经验,写明他们所认为的可读文本及可理解文本的标准。实验期间,被试收到关于正规的文本理解标准的讲解。实验后测试一开始,实验操作者向被试发布如下指令:"请列出文本理解标准,并分辨出主要和次要标准。"发布该指令的目的在于评估被试对文本理解标准的了解。在实验前测试和实验后测试中,被试对文本理解标准的了解会从以下三个方面进行评估:①正确写出的次要标准数(共 16 条);②正确写出的各主要标准下对应的次要标准数;③正确写出的主要标准数(共 4 条)。

对次要标准及其与主要标准的从属关系的赋分会根据明确的赋分规则进行。比如,次要标准"使用简单短小的句子"从属于主要标准"简洁性"。这一标准也可用其他句子来表达,如"避免使用复杂句子""使用简单句子结构"或者"使用短句,不要使用长句"。这些句子或表达同样意思的其他句子都与"使用简单短小的句子"一样被视为正确答案。正确写出次要标准及主要次要标准的附属关系为 1 分,错误为 0 分,加总作为被试在此测试中的总成绩,来判断被试对文本理解标准的了解程度。这套赋分规则此前已在少量数据(十位被试的实验前测试数据)上试用,证实其不会导致歧义。

(3)反馈表现

在实验前测试、实验中测试和实验后测试中,被试都被要求修改一篇文章。每篇文章都包含违反文本理解标准的典型错误(如使用过长的句子、科技词汇没有经过解释、副标题缺失)。文中错误均为由实验组成员有意加入。

被试收到如下指令:"请对以下文章进行修改,增强其可理解性。可以修改单词、句子或多个句子的组合。请用括号标出文中较难理解的部分,指出其违反了哪些文本理解标准,并写明针对这些段落的修改意见。请参照示例。"被试在作文修改中的表现将根据以下标准进行衡量:①正确识别出的错误数量;②识别出错误,但该识别不正确的数量(误检);③未被识别的错误的数量;④正确解释的错误的数量;⑤对正确识别的错误提出正确修改意见的数量;⑥正确识别的错误数量在全部错误中所占的比例。

（4）任务完成所用时间

研究者将被试完成任务的时间视为衡量被试表现的重要指标（Van Gog et al. 2008）。由被试手动记录任务开始和结束的时间。

5. 实验过程

实验前，所有被试需要写出他们认为的具有可读性及易于理解的标准。之后，被试将对一篇包含了多处影响文章可读性及可理解性错误的文本进行修改。实验中，被试被带入一个情景中，此情景包含一篇由一位虚构学生修改的文章以及这位虚构学生收到的由另一位虚构学生做出的反馈。修改后，该文章仍然包含影响读者理解的错误。研究者可操控反馈的内容（详细反馈或概括性反馈）及反馈者的能力水平（高或低）。被试需要将自己视为接受反馈者，从公正性、有用性、接受度、改进的意愿和效果方面对虚构反馈进行评估。接下来，被试将学习文本理解标准，并根据标准对该情景中经过修改的文章进行二次修改。控制组被试同样学习文本理解标准，并根据其对文章进行修改，但他们不会收到任何反馈。实验后，被试被要求描述实验中呈现的文本理解标准并对第三篇文章进行修改。

数据均收集自三个教育心理学课程，在课上均进行为时 90 分钟的实验（实验前测试、实验中测试、实验后测试各 30 分钟）。一位学生没有提交实验后测试材料。

（三）实验结果

1. 反馈认知问卷

研究者统计了五个问卷量表结果的平均值及之间的相关关系，尤其是公正性、有用性及接受度之间的关系（见表 4-13）。

鉴于以上原因，问卷所有问题都采用主成分分析和最小斜交法的结合方法进行分析（见表 4-14）。表中体现了四个变量，改进意愿（$R^2 = 0.09$，Cronbach's $\alpha = 0.82$），积极效果（$R^2 = 0.11$，Cronbach's $\alpha = 0.90$），消极效果（$R^2 = 0.15$，Cronbach's $\alpha = 0.83$），反馈认知充分性（此变量概念上由公正性、有用性和接受度组成，perceived adequacy of feedback，简称 PAF，Cronbach's $\alpha = 0.89$）。

根据主成分分析法的分析结果，PAF 可以被用在进一步分析中。此外，虽然积极效果和消极效果是不同的变量，但六个子条目的一致性系数都是显著的（0.81）。因此，研究者决定，对消极效果的得分情况进行转化后，整个效果量表可以作为一个单独的衡量积极效果的方法进行使用。总之，在进一步分析中，以下三个反馈认知问卷量表将继续使用：PAF、改进意愿（Willing to Improve，简称 WI）、效果（Affect，简称 AF）。

表 4-13 公正性、有用性、接受度、改进意愿及效果之间的相关关系 （N＝71）

	Fairness	Usefulness	Acceptance	Willingness	Affect
Fairness	—				
Usefulness	0.68 *	—			
Acceptance	0.72 *	0.61	—		
Willingness	0.42 *	0.52 *	0.35 *	—	
Affect	0.48 *	0.17,ns	0.38 *	0.17,ns	—

表 4-14 反馈认知项目列表

Scale	Items	I	II	III	IV
Fairness	I would be satisfied with this feedback	0.665	−322	0.174	0.228
	I would consider this feedback fair	0.479	0.334	0.145	0.321
	I would consider this feedback justified	0.652	0.268	0.078	0.227

续 表

Scale	Items	I	II	III	IV
Usefulness	I would consider this feedback useful	0.795	0.258	−0.080	−0.200
	I would consider this feedback helpful	0.737	0.178	0.062	−0.129
	This feedback would provide me a lot of support	0.682	0.128	0.201	−0.063
Acceptance	I would accept this feedback	0.756	−0.071	0.007	−0.123
	I would dispute this feedback	0.489	−0.006	−0.156	−0.560
	I would reject this feedback	−0.569	0.034	−0.181	−0.504
Willingness	I would be willing to improve my performance	0.457	0.779	−0.122	0.067
	I would be willing to invest a lot of effort in my revision	0.160	0.823	0.020	−0.036
	I would be willing to work on further text revision assignments	−0.141	0.846	0.083	0.103
Affect	I would feel... if I received this feedback on my revision				
Positive	Satisfied	0.242	−0.098	0.790	0.188
	Confident	−0.027	0.042	0.928	−0.048
Negative	Successful	−0.007	0.022	0.929	0.011
	Offended	−0.202	0.019	0.057	0.848
	Angry	0.027	0.096	0.064	0.811
	Frustrated	−0.123	0.050	0.148	0.799
Eigenvalue		6.44	1.58	2.78	1.97
% Of variance explained		35.75	8.78	15.46	10.97
Factor correlations		I	II	III	IV
I			0.282	0.150	0.225
II				0.017	0.138

Scale	Items	I	II	III	IV
III					0.226

2. 反馈内容及反馈者能力水平对反馈认知的影响

皮尔逊相关系数显示 PAF 与 WI（$r=0.46$，$p<0.01$）和 AF（$r=0.38$，$p<0.01$）呈现中等程度相关。研究者统计了 PAF、WI 与每一实验组的等级相关系数，CGF-H 组 $r(18)=0.50$，$p<0.05$，CGF-L 组 $r(18)=0.63$，$p<0.01$，ESF-L 组 $r(17)=0.69$，$p<0.01$，ESF-H 组没有相关性。各组中 PAF 与 AF、WI 与 AF 之间不存在相关关系。

研究者将反馈内容和反馈者能力水平作为自变量，PAF、WI 和 AF 作为因变量进行了二元方差分析。通过 Levene 检验，我们发现所有因变量之间存在方差齐性（PAF＝0.58，WI＝0.50，AF＝0.48）。结果显示，反馈内容与反馈者能力水平之间存在多元相关，Pillai's trace＝0.13，$F(3, 65)=3.24$，$p=0.028$，partial$\eta^2=0.13$。反馈内容没有呈现多元主效应，Pillai's trace＝0.11，$F(3, 65)=2.57$，$p=0.062$，但反馈者能力水平的多元主效应显著，Pillai's trace＝0.11，$F(3, 65)=2.80$，$p=0.047$，partial$\eta^2=0.11$。表 4-15 写明了各组 PAF、WI、AF 的平均值和标准误差。

表 4-15　各组 PAF、WI、AF 的平均值和标准误差

	CGF-H (N＝18)		CGF-L (N＝18)		ESF-H (N＝18)		ESF-L (N＝17)	
	M	SD	M	SD	M	SD	M	SD
PAF	5.35	1.88	4.06	1.88	6.17	1.45	5.37	1.78
WI	6.58	2.36	5.69	2.31	6.51	1.96	7.22	1.71
AF	4.81	1.73	3.77	1.85	3.80	1.68	4.79	1.13

后续单变量分析通过 Bonferroni 更正进行，α 设置为$<0.53/3=0.016$。反馈内容及反馈者能力水平在反馈效果上呈现显著相

关，F(1，67)＝6.87，p＝0.011，partialη^2＝0.09（见图 4-4）。反馈内容对 PAF 呈现显著主效应，F(1，67)＝6.49，p＝0.013，partialη^2＝0.09，反馈者能力水平对 PAF 呈现显著主效应，F(1，67)＝6.24，p＝0.015，partialη^2＝0.08。

判别分析显示，存在一个显著的常变量，Wilks's lambda＝0.695，df＝9，p＝0.004。研究还显示，PAF 对此变量造成了强烈的积极影响(0.73)，AF 造成了中等的消极影响(－0.24)，WI 影响较小(0.09)。各组质心分析显示 ESF-H 组被试对反馈在 PAF、AF 和 WI 等方面的影响存在不同的认知(与其他各组情况相反，CGF-H＝0.16，CGF-L＝0.44，ESF-H＝0.83 和 ESF-L＝0.24)。ESF-H 组被试对反馈的认知最为充分，但却造成了负面效果，该组是所有组别中唯一对 PAF 和 AF 的认知出现极大差异的一组。

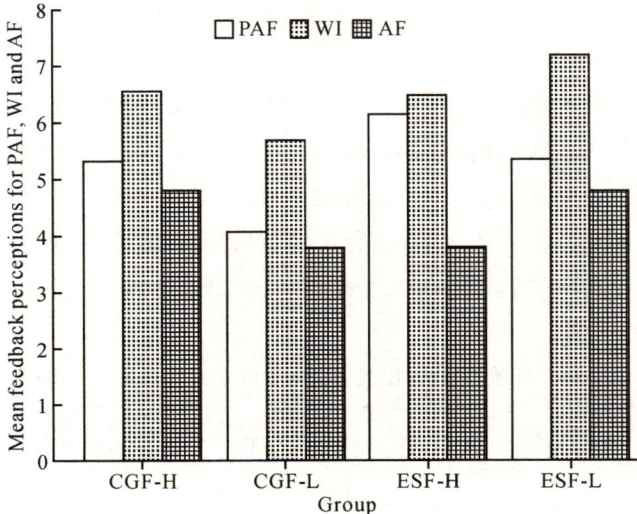

图 4-4　反馈内容及反馈者能力水平在反馈效果上的关系

3. 反馈内容及反馈者能力水平对表现测量的影响

对反馈内容及反馈者能力水平的影响的研究是通过分析被试对文本理解标准的了解及在任务中的反馈表现进行的。次要标准及其与主要标准的从属关系的判断标准之间存在相关关系。因此,在后续分析中,研究只采纳了被试正确列出的次要标准的数量作为研究数据。

判断反馈表现的各项指标方面,研究者发现除误检数之外,所有其他指标之间密切相关($r=0.92-1.00$),因此研究者决定仅选用"对正确识别的错误提出正确修改意见的数量"作为分析数据。

表 4-16 表明了反馈表现、对次要标准的了解及完成任务所用时间等数据的平均值和标准误差(比如,对正确识别的错误提出正确修改意见的数量)。实验前及实验后测试中被试对次要标准的了解呈现中等正相关关系,$r(89)=0.27$, $p<0.01$,实验前及实验后测试中的反馈表现也同样呈现中等正相关,$r(89)=0.39$, $p<0.01$。

在各阶段测试中,完成任务所用时间及反馈表现均存在中等正相关关系。实验前测试中,$r(89)=0.34$, $p<0.01$;实验中测试中,$r(89)=0.34$, $p<0.01$;实验后测试中,$r(89)=0.41$, $p<0.01$。鉴于以上相关关系,研究者将"以时间标准来衡量的反馈表现"作为较合适的衡量标准,并计算了各阶段、各组所用时间(按分钟计)的比例。

表 4-16　反馈表现、对次要标准的了解及完成任务所用时间

	CGF-H(N=18)		CGF-L(N=18)		ESF-H(N=18)		ESF-L(N=17)		Control(N=18)	
	M	SD	M	SD	M	SD	M	SD	M	SD
Sub-criteria										
Pretest	3.78	1.31	4.17	1.79	2.83	2.09	3.24	2.11	3.33	1.88
Posttest	3.83	3.11	4.59	2.94	4.14	2.53	4.72	1.91	4.22	2.65

Revision performance

Pretest	2.44	1.38	2.33	1.33	2.06	1.59	1.92	1.12	2.11	1.68
Treat-ment	5.61	2.57	5.94	3.73	3.67	2.40	4.53	2.10	6.22	3.10
Post-test	5.44	2.59	5.94	3.21	4.17	2.45	5.25	3.05	5.33	3.11

Time on task

Pretest	16.75	2.72	16.61	2.79	17.88	4.07	16.79	3.19	17.67	3.50
Treat-ment	19.03	3.31	19.55	6.20	20.72	6.08	22.67	4.90	18.45	5.64
Post-test	17.78	4.47	16.61	4.55	15.37	3.98	13.82	3.45	17.54	4.06

Revision performance by time on task

Pretest	0.14	0.06	0.14	0.07	0.11	0.08	0.11	0.07	0.12	0.09
Treat-ment	0.30	0.15	0.28	0.16	0.20	0.15	0.20	0.09	0.36	0.19
Post-test	0.30	0.13	0.36	0.20	0.26	0.14	0.38	0.20	0.31	0.18

（1）反馈内容及反馈者能力水平对被试对次要标准的了解的影响

研究者对五组被试对次要标准的了解进行了重复测量方差分析。结果显示对次要标准的了解的重复测量存在主效应，Pillai's trace＝0.09，$F(1,84)＝7.93$，p＝0.006，partial$\eta^2＝0.09$。表4-16显示 ESF-H 组、ESF-L 组及控制组被试在实验后测试中对次要标准的了解较其在实验前测试中的表现有提升。CGF-H 组和CGF-L 组没有出现提升（两组数据较其他组高，但数据上没有体现出显著性变化）。

（2）反馈内容及反馈者能力水平对反馈表现的影响

研究者通过重复测量方差分析对反馈表现进行了分析。Mauchly测试显示结果并不符合球形假设，$x^2(2, N＝89)＝10.30$，df＝2，p＝0.006，利用 Huynh-Feldt 的球形估算（$\varepsilon＝0.96$）对自由度进行了修正。

结果表明组别与反馈表现存在相关关系,$F(7.6, 160.82) = 2.39$,$p = 0.02$,$partial\eta^2 = 0.10$。成对对比中没有呈现显著相关。以上数据表明组别及反馈表现之间存在二次相关,$F(4, 84) = 3.19$,$p = 0.017$,$partial\eta^2 = 0.13$。

分析结果表明,在实验的各个阶段,被试的反馈表现获得提升,但各组在各阶段的提升情况各有不同。CGF-L 组、ESF-H 组和 ESF-L 组被试的表现逐渐提升,CGF-H 组被试在实验中测试和实验后测试中的表现维持不变,而控制组实验后测试中的表现较实验中测试的表现有轻微下滑。ESF-L 组被试在实验中测试到实验后测试阶段的提升最为显著。图 4-5 展示了各组别与反馈表现的相关关系。

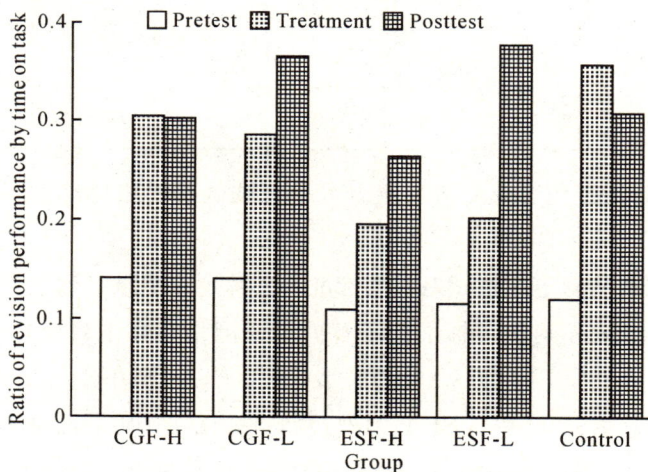

图 4-5 各组别与反馈表现的相关关系

研究者通过计划对比研究了实验组被试反馈表现的平均水平与控制组被试平均水平的差别。结果显示,与控制组相比,ESF-H 组被试的平均表现水平明显较低(两组平均值差为 -0.07,标准误差为 0.03,$p = 0.021$)。采用 $\alpha < 0.05/4 = 0.012$ 的 Bonferroni 修正后,差

异不再显著。

各阶段对反馈表现也呈现主效应，$F(1.9, 160.8) = 56.48$，$p < 0.000$，$\text{partial} \eta^2 = 0.40$。对比证明了反馈表现的二次相关关系，$F(1, 84) = 6.39$，$p = 0.013$，$\text{partial} \eta^2 = 0.07$。成对比较显示被试在实验中测试（$M = 0.27$，$SD = 0.16$）及试验后测试（$M = 0.32$，$SD = 0.18$）中的表现明显高于实验前测试（$M = 0.12$，$SD = 0.08$）。实验后测试的表现较实验中测试呈少量显著（$p = 0.055$）并构成二次相关。

最后，研究者分析了各实验组在实验中及实验后测试中表现的差别。通过 2（反馈内容）×2（反馈者能力水平）方差测试，研究者发现在实验中测试中反馈表现存在显著差异。CGF 组被试的表现优于 ESF 组被试，$F(1, 67) = 8.23$，$p = 0.005$，$\text{partial} \eta^2 = 0.11$。ESF 组收到的反馈中指出了一些错误，而 CGF 收到的反馈中并不包含此类信息，因此研究者进一步探究了这种区别是否是造成 ESF 组和 CGF 组差异的原因，结果表明并非如此，$F(1, 67) = 0.54$，$p = 0.463$。针对实验后测试中被试的反馈表现，2（反馈内容）×2（反馈者能力水平）方差测试表明，处于由能力水平较低者做出虚拟反馈情景的被试的表现优于处于由能力水平较高者给出反馈的被试。$F(1, 67) = 4.72$，$p = 0.033$，$\text{partial} \eta^2 = 0.07$。

4. 反馈认知与表现的关系

研究者通过相关分析对反馈认知与反馈衡量之间的关系进行了研究。实验前测试中被试对次要标准的了解与 PAF 呈现负相关，$r(71) = 0.37$，$p < 0.01$，但对各组进行分别研究发现，仅 ESF-H 组呈现 Spearman correlation，$\rho(18) = -0.66$，$p < 0.01$。此外，WI 与实验中测试中完成任务时间呈正相关，$r(71) = 0.35$，$p < 0.01$，单对各组进行分别研究发现，仅 ESF-H 组呈现 Spearman correlation，$\rho(18) = -0.48$，$p < 0.05$。在任何实验阶段，PAF、WI、AF 和反馈表现均不存在相关关系。

(四)研究结果

本小节探究了反馈内容及反馈者的能力水平对反馈认知及接受反馈者的表现的影响。被试被分为五组,其中四组为实验组,一组为控制组。实验组被试均被带入一个情境,在该情境中一位虚构学生收到由另一位虚构的能力水平或高或低的学生做出的详细或概括性的反馈。

1. 衡量反馈认知

首先,研究人员制作多维度问卷,从公正性、有用性、接受度、修改意愿及效果方面对反馈认知进行测量。实验得出了针对反馈认知充分性(PAF,包括公正性、有用性及接受度)、改进的意愿(WI)及效果(AF)的量表结果。结果显示,(至少)三个维度对反馈认知有影响(假设 1 得到了证实),并且各维度与被试修改文章的表现存在不同程度的关联。此外,数据显示除有用性外,其他维度如改进意愿和结果也是重要因素。最后,学生对公正性、有用性和接受度的区分并不清晰。

2. 反馈内容及反馈者能力水平的影响

操作检验显示,绝大部分被试能够辨别反馈者的能力水平。也许被试会自动认为,详细反馈是来自能力水平更高的人,因此被试会对由能力较强者做出的详细反馈做出和对教师反馈同样的认知(Tsui & Ng 2000)。如果学生习惯于接受来自能力水平较高的人的反馈,那么他们对同伴反馈的认知方式将会受到限制,因此不能很好地接受实验控制。在这种情况下,反馈的内容对反馈认知的影响可能要比反馈者的能力水平的影响更大,这也就证实了指导对同伴反馈质量的重要作用(Steendam et al. 2010)。不过,也许存在调节反馈内容和反馈者能力水平的补偿机制。

本研究发现,反馈内容和反馈者能力水平均对反馈认知和反馈表现造成复杂影响。一方面,被试认为 ESF 较 CGF 更为充分,由能力水平高者做出的反馈较由能力水平低者做出的反馈更加充分（假设 2a 和假设 2b 得到部分证实）。然而，由能力水平高者做出的 ESF 虽然被认为是更为充分的，却会带来消极影响（假设 2c 得到部分证实）。很明显同学的能力对其提供的 ESF 至关重要，就这一点来说，同伴反馈并不会得到与教师反馈同等的认知。由于学生的个人状态不同，其对某一特定同学所做的反馈可能较为极端，由能力水平高者做出的 ESF 也可能被学生视为一种威胁（Miedema 2004）。

在反馈表现方面，ESF-H 组是唯一一个与控制组构成差异的实验组——ESF-H 组被试的反馈表现整体较差，并且在实验各阶段中进步的幅度较小（假设 3a 被否定）。这一发现突出了 ESF-H 组被试的经历与其他组被试不同。对数据进行 Bonferroni 修正后，ESF-H 组与其他组在反馈表现上的差异消失。但需要注意的是，这种修正是较为保守的，在减少Ⅰ类错误发生概率的同时，有可能提升Ⅱ类错误出现的概率。差异的消失也可能是由于数据缺乏有效性，因此，我们将对这一发现进行解释的权利交给读者。实验后测试中，收到能力水平低者反馈的组的表现优于收到能力水平高者反馈的组（假设 3b 被否定）。最后，由于在实验中 CGF 组的表现优于 ESF 组，研究者认为反馈内容对反馈表现的影响是不确定的。也许收到来自能力水平高者的 ESF 的被试更加依赖反馈，因而不会积极寻找和修改文中的理解错误。这样的反馈会使学生更加被动（Lee 2008）。显然，这一问题还需要进一步的探索。

3. 反馈认知和表现的关系

研究并未发现反馈认知与表现之间存在直接关系。我们通常认为学生会更加积极地接受 ESF 进而做出更好的表现。但本研究的发现并不符合常规假设。如果反馈被学生认为是负面的，那么它将阻碍学生的表现，被积极接受的反馈情况则相反。也许我们提供的信息（在实验开始前向各组被试说明了文本理解标准）使被试对文本进行了自主评价，外部反馈便被驳回了。鉴于被试并不一定需要反馈,反馈认知和反馈表现没有呈现相关关系,实验组的表现也并不优于控制组这一现象就可以理解了。在后续研究中,我们将采用同样的情景,但不提供信息。虽然反馈者的能力水平对反馈认知影响重大,但在所有学生都被告知反馈的基础上,也就是文本理解标准的情况下,反馈者能力水平对反馈的有效性却没有产生任何影响。显然,这种关系是受到其他因素影响的。例如,后续研究可以探究学生的个人状态是由哪些因素构成,反馈者的特征是怎样与反馈认知相互作用的。

本研究发现,ESF-H 组被试认为获得的反馈过于消极,影响了他们表现的改进。因此,在同学评改和同伴反馈中,反馈者的能力水平差异不应太大。此外,教师不应想当然地认为详细反馈一定更好——虽然学生更倾向于获得详细反馈,但详细反馈并不一定更有效,反而有可能使学生变得被动(Lee 2008)。在同伴反馈研究中,研究者通常认为由能力水平低者做出的反馈内容不充分而效果不佳,但本研究发现由能力水平低者做出的反馈同样有效。因此,教师在组织同学评改时,不需为能力水平低的学生忧虑。

第四节　反馈培训

一、反馈培训及反馈的有效性

同伴反馈是同伴经过阅读、评估、给出评语、讨论等环节而参与的一项复杂的社会认知活动。因此,有必要对同伴给予必要的指导和完善的培训,以保证同伴反馈效果的实现。同伴反馈的有效实施依赖于对学生全面的训练。Min(2003)曾指出修改建议不够清楚,对作者本意的误解是妨碍学生接受同伴修改建议的两个主要原因。进行同伴互评的培训则是解决这些问题的有效途径。王初明等指出，受到清楚的指点和引导，经过仔细的培训和稳步的练习后，修改文章才会有章可循，才能提高学习效率并创造出有价值的回报。确切地说，学生只有获得更好的写作和编辑指导，才会对写作充满信心，并改进思维方式，从而使他们修改的积极性和效果大大提高。

Freeman(1995)也认为，需要用培训来降低主观因素对同伴反馈的影响。通过培训，教师解释同伴反馈的实质与目的，就反馈操作方法和步骤进行指导，发放测量评价表，统一反馈术语和标记等。这不仅帮助学生正确认识同伴反馈，打消反馈时的顾虑，还为同伴反馈提供统一的评判标准，使之"规则一致，有理有据，客观公正"，让写作者和评阅者参照标准"了解自身写作方面的强项与弱项以及缺点和不足，进而采取有针对性措施干预补救训练"。Stanley(1992)甚至认为，在没有预先给学生提供有组织的练习和相关技能交流的情况下，教师不应该指望学生能够圆满完成同伴反馈的任务。

相关实证研究也证明了同伴反馈培训的重要性。Stanley比较了培训时长、培训深度和广度等对同伴反馈的影响。实验发现，接受了系统培训的同伴间的互动话轮更多，反馈种类更多；反馈过程中，学生能更细致地阅读同伴的写作文本并针对同伴作文修改提出更具体的意见；写作者接受同伴反馈时更有信心。Stanley认为，这是因为学生感觉自己"训练有素"，因而对自己充当评价者的角色更自信，进行同伴反馈时更投入。Nelson & Murphy(1993)的实验发现，接受了互改指导和改稿模式的培训后，4名实验对象能够发现如组织、展开和主题句等宏观层次的问题；Berg(1999)通过一个准实验研究来考察培训的效果，结果表明，受过培训后，学生在意义层面上的修改增多，作文的质量也得到提高；在叶绿青(1999)的实验中，未经过指导的控制组同伴反馈参与率仅为 20%，且互改的方面仅限于表象错误，改正的方面极其有限，而有教师指导的实验组同伴参与反馈的比率为 100%，且学生能指出明显存在的语言组织、离题、衔接等方面的问题；王翔（2004）的研究显示，学生经过培训后，反馈时不再只限于文章的语言问题，而是更多地从文章的整体结构和内容方面发现问题，并且能在一定程度上掌握互改技巧，能提出比较具体的建议；邵名莉（2009）则认为，其实验结果之所以明显支持同伴反馈，学期开始的培训以及评分标准的选择起到了至关重要的作用；邓鹂鸣（2010）、蔡基刚（2011）均在研究进行前对学生进行了有关同伴互评的培训，都取得了非常好的效果。因此，通过同伴互评的培训，可以克服同伴互评中存在的一些问题，改善同伴互评的效果。

二、反馈培训策略

对于培训的具体内容和方式，Connor & Asenavage(1994)指出，只在培训之初进行教师示范是不够的，后续的明确而有针对性的培训也很重要。Lockhart & Ng(1995)也指出，对同伴互评的培训指导不应该只发生在互评之前，而应该贯穿整个互评过程。Min(2005)在研究中从 4 个方面对学生的互评进行培训：明确作者意图、发现问题、解释问题本质并提出具体的修改意见。实验结果表明，学生通过培训提高了互评的技巧，增强了信心，语言习得和元认知策略的运用也获得了提高。Berg(1999)还指出，仅仅依靠课内培训是不够的，课外培训也是必要的。

研究者在训练方面提出了很多不同的见解。Kamimura(2006)设计了如下一个训练方案：在第一个环节里，学生温习一遍文章的结构，其中包含主题句、细节扩展句和总结句，然后让他们学习如何使用过渡词以使文章更加连贯。第二个环节里，对学生进行分组，要求学生跟伙伴合作，直到完成实验。这个步骤旨在增强同学间的亲切感。在这部分训练中，着重的是篇章水平，不再含有语法错误。在最后一个步骤里,上一年某学生写的一篇文章被作为例文提供给学生,附带一张"同伴反馈意见表"。该意见表包含两部分,第一部分引领学生去分析例文,分析它的基本结构;第二部分要求学生给出建议。这个训练最后效果显著,无论是高水平还是低水平的学生都在后测中表现出比前测更好的整体质量。Bishop(2003)给我们提供了另外一种训练的模式,并给出了具体的操作指引。总结下来有以下四点:首先,每一个作者都大声朗读一段自己的作文;接着,同学们可以提出他们是如何理解这段文字的;然后,同学们给出可行的修改建议;最后,同学们对文章的文体风格等进行评论。Bishop 这种作坊式的训练跟 Kamimura(2006)的区别,在于她多了"大声朗读"这一步骤。这种朗读范文的模式有可能比较耗时,但也可能是有效的。例如,Cho et al.(2006)在总结别的研究的基础之上得出结论称,作者本人对那些口头进行建议的同学会给予更热烈的回应,用语也更加温和,这个研究结果就较好地支持了 Bishop 的方法。

　　Min(2005)则提出了一个课堂上模范训练的方法(in-class modeling training method)。首先教师给学生发一张互评作文指导和一份上个年级学生写的文章。然后教师就学生如何使用四步法给出建议(clarify—problem—explain—suggestion):弄清作者的写作意图,找出问题的源头,解释问题的实质,给出具体的建议。例如下面是一个典型的例子:"Call for" means to need a particular action or behavior.［explain］Did you mean that?［clarify］If not, try to think a more appropriate word to replace it.［suggestion］。当然面对面交流无疑能解决误解和不清楚的问题,但是由于课堂时间有限,很多时候同伴之间没有时间讨论书面评改的建议。同时,很多学生喜欢书面评改,因为这样他们可以有更多的时间用英语组织他们的想法,以后的时间里也可以重温建议。

将以上几个训练方法总结一下，可以发现几个普遍的原则。首先，课堂上应该保持一种合作的气氛。教师需要监督学生们的讨论，避免他们开小差，或做其他事情。其次，在训练中要合理分组。Parsons(2001)警告说应避免以一些很严格或很随便的规则来分组的情况。教师需要根据学生不同的个人需要、能力和性格来决定如何分组。再次，学生之间应建立一种亲切感和相互的尊重。Cho et al. (2006)发现正面的评价比负面的评价更容易被接受。所以当写作中信任与和谐成为主流意识的时候，那些批评性质的评论也会在之后的修改中被认真考虑。最后，有必要重新考虑作文评分中学生评分的有无和比例的问题。

三、反馈培训典型实证研究介绍

Min(2006)调查了同伴反馈培训对学习者反馈质量和反馈类型的影响。英文题目为"The Effects of Trained Peer Review on EFL Students' Revision Types and Writing Quality"，文章发表在 *Journal of Second Language Writing*，2006 年第 15 期，页码范围：118—141。首先，研究者在课上对学生进行了 4 个小时的课堂演示培训，课下对每位学生（共 18 人）进行 1 小时的课外指导会议。培训结束后，研究员收集学生的初稿和修改稿以及反馈者的书面反馈，然后与培训前的文章进行对比。结果表明，接受同伴反馈训练之后，学生将反馈者的大量评论运用到文章修订中。在所有的修订文本中，同伴反馈引发的修订占 90%，并且修订后的高质量文本的数量比接受同伴反馈训练之前大大增加。研究人员得出结论，通过课堂内外高强度的训练，同伴反馈可以直接、正面地影响 EFL 学生的文章修改类型和质量。下面将概括性地归纳该研究的研究问题及结论，具体详细地介绍实验过程及调查结果，以期该部分分析为本小节提出的观点提供实证依据，同时为其他研究者进行类似实证研究提供具体参考。

(一)研究问题

鉴于社会学习和修辞理论对于同伴反馈强有力的支持,近十年来,同伴反馈的做法一直在 L1 和 ESL/EFL 写作课堂上蓬勃发展。同伴反馈的支持者通过大量实证依据证实了其对学习者认知、情感、社会和语言发展的好处。如果同伴反馈有助于学生的写作,为什么多数研究发现反馈意见不能有效地在学生的后续修订中被利用? 原因之一,正如广大研究人员指出的那样,学生无法提供具体的和有用的反馈(Chou 1999;Leki 1990;Mangelsdorf & Schlumberger 1992;Mendonca & Johnson 1994;Lockhart & Ng 1993;Tsui & Ng 2000)。有人认为此现象应归因于学生缺乏对同伴进行反馈的知识和技能,因此指导者应进行干预(Flynn 1982;George 1984;Wiener 1986),而实践证明指导者的干预取得了积极的效果。

尽管相关研究调查了培训对同伴反馈的影响(Berg 1999;Paulus 1999),但两个棘手的问题仍然没有得到解决。首先,接受过培训的 ESL 文章质量的提高是培训的结果吗? 其次,接受过培训的同伴反馈会提高修改质量吗? ESL/EFL 研究人员尚未发现"经过培训和未经培训同伴交流的确切特点以及他们与修订策略和写作成果之间的关系"(Berg 1999)。为了更好地理解训练有素的同伴反馈和修订类型与质量之间的确切关系,就必须首先确定修订的学生论文修改的来源,然后调查同伴的建议在所有被接受建议中的比率。只有这些问题得以解决,才能证明接受培训的同伴反馈对于文本修改的积极影响。

先前关于同伴反馈培训(Min 2005)的课堂研究表明,EFL 学生在接受广泛的训练后,成为有效的审稿人,在评审同伴作文的全局特征上能够给出更具体、更相关的书面反馈。据推测,由接受过此类高强度同伴反馈的学生产生的反馈,在一定程度上与接受培训之前给出的反馈相比,应该更加细化,更加有相关性。据此推理,参与目前研究的研究人员以及课堂写作的指导者的目的在于调查同一组学生在培训后是否会把同伴培训反馈运用到他们文章的修订之中,运用的比例是否会高于培训前。此外,研究人员还试图分析反馈修订质量,找出同伴反馈引起修订的比率及其对修订质量的影响。该研究的研究问题包括:①学生纳入文章修订中的反馈比率在培训前后分别是多少? ②培训前后,学生根据同伴反馈修订文章的比率是多少? ③培训之后文章修订质量提高了吗? ④培训之后,学生将什么类型的反馈纳入其文本中? ⑤什么类型的修订更有利于提高文章质量? 前两个问题都涉及同伴反馈对于学生文章修订的影响力,后三个问题寻求研究影响修订质量的方向(正/负)。

(二)研究方法

1. 受试

本文的研究报告是之前项目(Min 2005)的一部分,以台湾南部某城市的某个大学的一个写作班级为调查对象,调查同伴反馈培训的影响。参与者为指导人员/研究人员的写作课上的 18 位大二学生,有 16 位女性和 2 位男性,他们的平均年龄是 19 岁。他们的母语都是汉语,在进入该大学的外国语言和文学学院之前,均通过了由台湾语言培训和测试中心制定的英语中级水平测试的一般英语水平测试。托福考试中,他们的英语成绩在 523 分到 550 分之间,在此之前他们都没有接受过同伴反馈培训。

2. 背景

该班学生为英语专业,选修了一年的写作课程,其重点是要提高自己的说明文写作技巧。该课程每周上两次课,共 18 周。指导者采用"改良"过的"写作周期"(Tsui & Ng 2000)来设计写作课。整个循环顺序如下(参见图 4-6):头脑风暴,写第一稿,同伴反馈,写第二稿,口头介绍和同伴口头回应,教师与写作者关于二稿的会议(口头和书面意见),写第三稿,教师书面反馈到第三稿,撰写第四稿（终稿）。

教师要求学生搜索信息，并把它们作为第二学期论文中的材料，以此来证明他们的观点。该学期课程有四个主题：……（新技术发明）的优点/缺点、如何防止环境污染、促进……的成功因素和跨文化误解事件的分析。尽管在第一个主题的同伴反馈过程中指导者提供指导表，但是大多数同学的意见太过死板，且只回答指导表格上的问题，并主要围绕语法进行回答。鉴于以上问题，研究员对学生开始了培训过程。

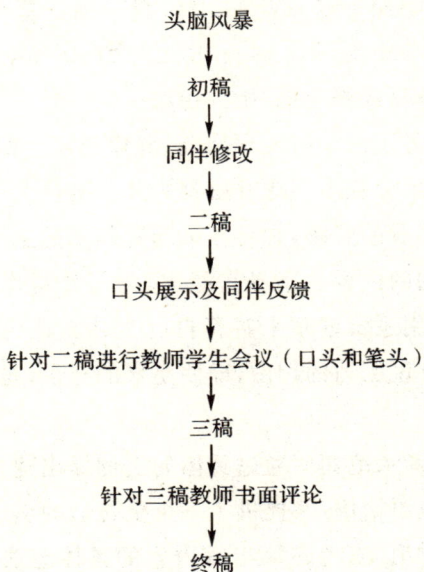

头脑风暴

↓

初稿

↓

同伴修改

↓

二稿

↓

口头展示及同伴反馈

↓

针对二稿进行教师学生会议（口头和笔头）

↓

三稿

↓

针对三稿教师书面评论

↓

终稿

图 4-6　写作循环

3. 同伴反馈培训

同伴反馈培训开始于第二和第三次写作循环中，并且由课内模式和一对一的课下会议两个阶段构成。课内模式的每个写作周期历时 2 小时，一对一的评论者—指导者课下会议历时 30 分钟。也就是说，在整个训练期间，每个学生接受 4 小时的课内训练和 1

小时的评论者—指导者会议。

4. 课内模式

示范展示在学生对他们的第二和第三篇文章的初稿进行同伴反馈前进行。指导者首先发放一份指导反馈表和以前学生的作文。然后她运用有声思维的方法示范如何运用四步法做出评价：澄清作者的意图，识别问题的根源，解释问题的性质，以及提出具体的建议。执行每一步技巧如下：

当比较肯定写作者试图传达的意思时，指导者问："Do you mean that... ?""Are you saying... "但当不确定写作者的意图时，她这样提问："What do you mean by... ?""I do not get this. "以此来提示写作者解释或修改他/她的想法。

接着，指导者示范如何发现问题、解释问题。如果指导者清楚写作者的意图，她会找出问题并解释为什么她认为这是有问题的。如果不确定写作者的意图，她将参考问题句子的上下两句，根据语境表述她所读到的内容。指导者指出，为了让写作者接受他们的评论，他们需要用逻辑推理来解释自己为什么认为某一部分有问题。如果没有有说服力的理由，即使是好的建议，也是容易被忽略的（Min 2003）。

最后，指导者示范如何通过具体的实例提出建议。根据问题，她指出什么是短语错用，并提供了一个更合适的例子，提醒写作者从同一个视角讨论，或者建议丰富内容的具体想法。指导者告知学生，写作者可能不会采纳他们的建议。然而，他们可能已经注意到了这些问题并能自行制定出一个解决方案。

示范后，学生自行形成一个同伴反馈小组，按照上述步骤进行评判。根据草稿中潜在问题出现的顺序，在纸上写下并标出他们的评论数量。每个学生都在课堂上反馈两种不同类型的草稿，并且在下课前给出书面评论。Mittan（1989）建议，指导者应告知反馈者，她将给他们的评论打分，以此保证大家认真负责地进行反馈

（Ferris & Hedgcock 2005）。之后，写作者被给予一周时间修改一稿，并被告知如果他们认为评阅意见不适合自己的作文，可以不采纳，但需要对其进行解释，为什么认为某些建议不好。

5. 指导者—反馈者会议

接下来一周，指导者收集了写作者的"初稿、修改稿和反馈意见"，并把评审者的意见分为三类：检查加、只检查、检查负（check plus、check only 和 check minus）。然后，安排了 30 分钟的会议，和每个反馈者讨论为什么他们得到相应的分数，以及如何完善自己的意见，使写作者更容易理解。在一对一会议中，指导者通过与反馈者共同合作，针对没有遵循四步法的修改建议提供了"内容"帮助。例如，反馈者评论主题为"Yoyo Ma 成功"的一篇文章时，建议增加更多具体的例子以丰富内容。指导者提醒反馈者解释清楚为什么建议增加例子以使文章更具有说服力。她还与反馈者进行讨论，如何使她原有的评论更具体。研究人员还通过使用各种口头提示提供了（程序性）帮助，引导反馈者根据反馈意见表进行反馈。（例如："第三段的主题句是否呼应本文的第二个主要论点？"）

6. 数据收集过程

同伴反馈培训结束后，指导者要求学生撰写第四篇文章的初稿，并在课堂上进行同伴反馈。学生完成同伴反馈后，在一周内完成修改。然后，指导者收集学生的第一次和第四次文章初稿、修订稿和同伴书面反馈意见进行分析。

虽然这两个话题不同，但它们均为说明文，要求学生用自己的分析能力，解释某种技术发明的优点/缺点或文化误解的原因，并以一种连贯的方式整合信息。第一篇文章和第四篇文章的平均字数分别为 263 和 257。两个接受过训练的评分者都教授英语写作超过 8 年，指导者仔细阅读初稿和修订稿，评估文章质量。然后，他们比较了初稿、反馈、修订稿（共 72 个文本，修订前后文本各 36

个)来定位学生运用到修订稿中的建议,并找出修订类型、程度及功能。

(三)实验分析

1. 采纳的反馈

研究者首先记录出同伴反馈培训前后反馈者评论的总数量以及写作者采纳的数量,然后计算出百分比。结果表明,在同伴反馈培训之前,评论者反馈建议的数量为 130 条,有 42%(54 条)被写作者用到文本修订中。同伴反馈培训之后,反馈者给出了 193 条评论,77%(149 条)被写作者用到文本修订中。表 4-17 细致地记录了同伴反馈培训前后,反馈者评论的数量和写作者运用到其文章修订中的评论数量。显而易见,培训之后,反馈者评论的数量和写作者运用到其文章修订中的评论数量高于培训前。(反馈者评论的数量,$t = 2.741$,$p < 0.05$,写作者运用到其文章修订中的评论数量,$t = 10.480$,$p < 0.01$)。

表 4-17　培训前、后同伴反馈建议及修改情况对比

	Mean	S. D.	Std. error mean	t	df	Sin. (two-tailed)
Feedback 1/ feedback 2[a]	-3.8611^c	5.9754	1.4084	-2.741	17	0.014[*]
Used feedback 1/ used feedback 2[b]	-5.277	2.1366	0.5036	-10.480	17	0.000[**]

[a]　feedback 1 指培训前反馈总数,而 feedback2 指培训后反馈总数。
[b]　used feedback 1 指培训前采纳的反馈数量,而 used feedback 2 指培训后采纳的反馈数量。
[c]　副均值及副 t 值表示反馈 1 和采纳 1 的数值小于反馈 2 和采纳 2 的数值。
[*] $p < 0.05$
[**] $p < 0.01$

2. 同伴反馈的修订占总修订的比例

尽管同伴反馈培训之后,学生们将同伴反馈建议运用到文章中的比例较高,但这仅仅说明培训后的同伴评论和培训前相比,对写作者文本修订的影响更大。这并不能确保这些同伴反馈引起的

修订占文本修订的大部分。同伴反馈对于写作者修订的确切影响还未得到解答。为了更好地了解同伴反馈对于写作者修订的确切影响，在同伴反馈培训前后，调查哪些修订是同伴反馈的结果是很重要的。

对写作者修订文本的检查显示，80个修订是同伴反馈培训之前的，培训后的为165个。80个同伴反馈培训之前的修订中，54个是同伴反馈。培训后的165个修订中，149个是同伴反馈。对同伴反馈的修订，培训前比率为68%（54/80），培训后为90%（149/165）。表4-18显示，同伴反馈培训前后，写作者文本修订的总数有很大的不同（t=12.806，p<0.05）。由同伴反馈导致的修订在同伴反馈培训前后也有很大的差别（t=3.778，p<0.05）。后者显示同伴反馈培训之后，受过培训的同伴反馈确实对学生的修订有比较大的影响。

3. 修订质量

鉴于同伴反馈培训之前，有68%的修订来自同伴反馈，培训之后，有90%的修订来自同伴反馈，那么修改质量如何？研究者认为培训前大约13%的修订较好，9%的修订不如原来，78%没有变化。相反，培训后，大约72%的修订非常好，19%不理想，9%没有变化。由于90%的修订是培训后同伴反馈的结果，这证明培训过的同伴评估确实提高了学生修订的质量。表4-19列出了同伴反馈培训前后三个独立的反馈者是如何反馈文本的。据反馈者透露，培训前后，大部分初稿缺乏明确的立场、清晰的逻辑和良好的组织。同伴反馈培训之前的修订，类似于 Sengupta(1998)的研究，主要是关于文字水平，未对主题产生较大的影响。相反，同伴反馈培训之后的修订在思想表达、整合和组织方面都有了提高。因此，整体质量得到了提高。

表 4-18　同伴反馈培训前、后同伴反馈引发的反馈质量对比

Difference	Mean deviation	Std. Mean	S. E.	t	Sig.（two-tailed）
Total revision 1/ total revision 2[a]	−4.7222[c]	1.5645	0.3687	−12.806	0.000[*]
RPF 1/RPF 2[b]	−1.250	1.4037	0.3308	−3.778	0.002[**]

[a]　total revision 1 指同伴反馈培训前总的修改数，total revision 2 指同伴反馈后总的修改数。

[b]　RPF 1 指同伴反馈培训前由同伴引发的修改比例，RPF 2 指同伴反馈培训后由同伴引发的修改比例。

[c]　副均值和副 t 值指同伴反馈前同伴引发的修改小于同伴反馈后同伴引发的修改。

[*] $p < 0.05$

[**] $p < 0.01$

表 4-19　同伴反馈前后修改质量对比

Rater	Revised version "better"	Original "better"	No change
Before training			
1	2（11%）	1（5%）	15（84%）
2	3（17%）	2（11%）	13（72%）
3	2（11%）	2（11%）	14（78%）
Average	2.3（13%）	1.7（9%）	14（78%）
After training			
1	14（78%）	3（17%）	1（5%）
2	13（72%）	3（17%）	2（11%）
3	12（67%）	4（22%）	2（11%）
Average	13（72%）	3.3（19%）	1.7（9%）

4. 修订稿中改动类型

第四个研究问题涉及写作者在修订稿中对同伴反馈回应的修订类型。修订类型记录表明，替代（20%），置换（19%）和重新排序（18%），特别是基于微文本层面的修订，排名为三者之最。这些研究结果部分证实了以往的修订研究结论（Sato 1991；Sengupta 1998）。表 4-20 为本研究中由反馈引发学生写作的修订类型的

比例。

表 4-20　修改类型的比率

Microstructure	Surface changes	Text-based changes		Subtotal
		Macrostructure changes	Subtotal changes	
Addition	6(4%)	12(8%)	3(2%)	21(14%)
Deletion	3(2%)	3(2%)	3(2%)	9(6%)
Substitution	9(6%)	17(11%)	4(3%)	30(20%)
Permutation	12(8%)	13(9%)	3(2%)	28(19%)
Distribution	4(3%)	10(7%)	4(3%)	18(13%)
Consolidation	3(2%)	12(8%)	1(1%)	16(11%)
Reordering	8(5%)	16(11%)	3(2%)	27(18%)

表 4-21　不同层面的修改

Size	Number of revisions	Percentages
Symbol	3	2
Word	30	20
Phrase	21	15
Clause	17	11
Sentence	48	32
Paragraph	30	20
Total	149	100

5. 修订数量

关于修订数量,最频繁的修改发生在句子层面(32%),紧随其后的是段落(20%)和文字(20%)。就修订数量而言,修订最少的是符号层面。Sengupta(1998)在其研究中还发现,大部分修订发生在句子层面。表 4-21 给出了不同层面的语言修订。

6. 修订功能

本研究中修订的最基本功能是使文本更加连贯、有条理。(解释 29% 和润色 21%)(见表 4-22)。由于用于同伴反馈培训的指导表的两个核心是格式和内容,因此连贯和解释很可能是修订的最基本功能。指导表中不断提醒反馈者注意论文陈述、主题句子、段落之间的过渡和内容的清晰度。这样一来,反馈者会特别注意"信号句"和过渡连接词。此外,反馈者在试图给出建议之前,都要进行澄清写作者意图的培训。大多数反馈者要求写作者进一步解释他们的写作意图,写作者会遵从反馈者的要求,添加更多的内容。

有趣的是,写作者语法的变化(4%)在这项研究中较少见。实际上他们的初稿有许多语法错误,然而,只要不影响文章意思的表达,反馈者似乎忽略了这些错误。对内容理解如此敏锐的态度可能是培训的结果。同伴反馈培训之前,可能是由于先前语言培训背景和对同伴反馈目的的误解,大部分反馈者只倾向于纠正语法错误。在同伴反馈培训期间,指导者要求学生注意写作者的写作意图,并协助他们全面表达自己的看法。很可能是这一因素导致反馈者更多关注意思表达,而非之前的语法问题。

表 4-22 修改的功能

Function	Number of revisions	Percentages
Grammatical	6	4
Cosmetic	31	21
Texture	58	39
Unnecessary	11	7
Explicature	43	29

Sengupta(1998)也发现语法修正比例较低的问题,但她提出是其他因素,如学习者有限的语言资源,导致了语法修订的低比率。她认为那些中学生的英语水平有限,并认为大多数学生英语

还不够熟练，仍过不了语言的门槛，没有能力修订语法错误。与此相反，该研究中的写作者为英语专业大二学生，其英语水平高于Sengupta(1998)的研究中的写作者水平，因此，语言水平不高不太可能是语法修订比率低的原因。学生被要求将注意力先集中在意义表达上，这制约了修改语法错误的冲动。该研究发现，指导干预很可能是语法修改比率低的主要原因。

7. 修订产生更好的文章

该研究中，由修订而产生更好的文章的修订种类有：替代、置换和基于文本水平的重新排序。正如前文讨论所述，替代(20%)、置换(19%)和重新排序(18%)是三种出现最频繁的修订类型。替代和置换是表面变化，而重排是基于宏观和微观层面的文本变化。三种不同的修订类型是如何互相作用从而提高文本质量的呢？

通过对修订稿的检测发现，在该研究中，大部分修订聚焦于信息的重组，以使其更适合文章的格式(例如放置论点和主题句)，使得反馈者更易于把握写作者的意图。段落重排或组合强调主要观点在几个段落的重要性，以实现一致性。一旦通过句子和段落重组，思想变得更加明确和有条理，写作者更倾向于通过重组短语或者用更加正式和准确的词语替换那些非正式、不太准确的词语来润色文章。

句子层面(32%)的修改最频繁，紧随其后的为段落(20%)和词汇(20%)，修订数量的频率分布也佐证了这一解释。段落和句子层面的重组反映了基于宏观和微观层面的文本修订，而词汇层面的替代和置换意味着保留意义的润色。最后，修订的功能也佐证了这种解释，因为修订最常用的功能是连贯修订(39%)。大多数的修订通常使用第三人称来保留文章的中心意思或者从同一观点出发，倾向于通过句子和段落的重组，使文章更加连贯。更加合适的短语被用于解释写作者的意图(29%)，同时，使用更加准确的词汇来提高写作的语言表达(21%)。

之前的阐释和采访的结论互相支撑。反馈者认同重新排序使得信息的呈现更加有条理，达到了他们的期望，并让他们立刻明白了写作者的意图。"有些初稿缺乏主题句，其他缺乏主要观点。"但写作者能够在修订中通过增加文章主体部分或是移动一个句子以弥补这些不足。修订稿更清晰地呈现出写作者的意图。他们还一致认为，大部分的取代和置换，如果单独从宏观和微观层面考虑的话，如重新排序、整合和分配，并没有太多地改变原文意思。一个反馈者曾尖锐地指出："一些修订文本主要是单词和短语的替换，几乎没有思想的发展、澄清和组织。如果这些表层的变化，如替换和置换，没有和其他基于宏观和微观的文本修订，如重新排序、整合、分散，结合在一起，那么这些表面层次的替换和排列将不会产生如此大的影响，因为它们确实提高了文章的整体质量。"正如前文采访所示，反馈者认为基于宏观和微观文本的修订（如重新排序、整合、分散）是文章质量提高的主要原因，因为这样的修订提高了文章的充分性、相关性和文章质量的标准。Paulus（1999）也同意这一观点，他报告了宏观结构变化百分比和文章整体质量提高之间的中度正相关关系。

(四)讨论

鉴于已经有类似的实验研究报告（Berg 1999）和课堂研究（Paulus 1999；Stanley 1992；Zhu 1995），受过培训的同伴反馈对于提升反馈者的评论和交流策略以及写作者后续的修订有着积极的影响，这不算是新的发现。不过，这项研究是首次尝试调查培训对学生修订的确切影响。不同于 Berg（1999）的研究——未区分同伴反馈培训和自我反馈对修订质量的影响，这项研究中，研究者能够通过书面评论跟踪同伴反馈培训的影响。由于每个评论都是反馈者根据写作者初稿中潜在问题出现的次序写在纸上并进行标号，很容易区分出哪些修订是对同行反馈的回应。在这方面，与同伴反馈小组（口头）相比，在把握同伴评论和修订策略以及写作结果的关系方面,同伴书面反馈似乎是一个更富有成效的做法。这种方法也被用来检验指导者的书面评论对于学生修订的作用(Conrad & Goldstein 1999)。

结果证明,经过培训的同伴反馈 77％被纳入学生后续的修订中,占总修订的 90％。这一高比例与学生接受同伴反馈培训之前的 39％和文献综述中报告的结果相比说明了两点:第一,该研究中的学生写作者发现培训后的同伴反馈有用并且愿意将它运用到后续的修订中;第二,可能他们发现培训后的同伴反馈无用,但是为了避免麻烦——向指导者解释为什么他们不使用它,而毅然在修订中采纳了培训后的同伴反馈意见。后一种解释不太可能,因为之前对同一组写作者的采访结果显示,大部分人(15/18)认为培训后的同伴反馈比较有帮助,特别是在从不同角度紧扣中心和丰富内容方面。一些人甚至将他们修订质量的提高归因于"同学有用的反馈"(Min 2005)。这一发现得到了那些将同伴反馈运用到写作课上的 ESL/EFL 写作指导者的认同。

在目前研究中,同伴反馈培训的成功有两个重要因素——指导者—反馈者会议以及指导者对同伴反馈评论的打分。以前的研究表明,单靠课堂演示是不足以成功实施同伴反馈技能的。

视频或指导者课堂演示形式的同伴回应培训不能保证同伴反馈被用于修订中的高比例(Connor & Asenavage 1994),或者对高质量修订文本产生积极的培训效果(Tang & Tithecott 1999),因为学生缺乏将陈述性知识转换成程序性知识的机会以及在课堂上遇到问题时向老师询问的机会。因此,课外帮助是必要的。Connor & Asenavage(1994)特别建议:"后续的更广、更具体的同伴反馈培训应加以实施。"该研究中,在同伴反馈培训期间,课外的指导者—反馈者会议以及课内模式是直接的同伴回应。对同一组反馈者修改建议条目的分析表明,一些反馈者如果没有课外的指导者—反馈者会议对其进行单独解疑,他们将不知道该如何实施同伴反馈或者提高他们评论的质量,这表明这些会议促进了同伴反馈评论的质量以及同伴反馈培训的有效性。

另一种指导技巧——指导者对同伴反馈打分也可能促进了同伴反馈培训的有效性。

指导者的评分似乎是反馈者的强大动力,促使他们在按照前述的四个步骤提供反馈的时候投入时间和精力,尽管最初的目的是使他们对自己的书面评论负责。反馈者在整个指导者—反馈者会议中对于怎样精练自己的评论以获得高分非常用心,这可能也促进了反馈的质量。

第五节 其他因素及解决策略

除了上述主要影响因素外,同伴反馈还受其他相关因素的影响,如时间因素、评改态度、文化差异、教师的权威性和对同伴的不信任、面子问题及考试文化等。下面将具体介绍这些影响因素。

第一,时间因素。同伴反馈包括许多不同的阶段,如读、做笔记、探讨、写作,单纯是以上几个阶段的工作就要耗费很多时间,更不用说培训学生如何做出恰当的同伴反馈所花的时间(覃成强2007)。Rollinson(2005)指出,学生花在同伴反馈上的时间是很可观的,因为学生为了成功地进行同伴反馈,必须花费时间学习许多基本的程序,以及一切社交的互动技能。Falchikov(2001)表明,教师和学生都认为同伴反馈是一个耗时的过程。此外,在教学安排方面时间也是一个影响因素。教师们要在压力下运用具体的模式来完成规定的教学任务,因此很多教师认为同伴反馈是多余的(Liu & Carless 2006)。

为了有效利用反馈时间,教师要提前设计好同伴反馈的程序,如同伴反馈实施的阶段，小组成员是独立进行反馈还是小组成员讨论达成一致意见之后进行反馈？如果是口头反馈，评阅者和作者讨论的时间教师应提前规定好。如果是书面反馈，是否给予一定的时间进行互动、交流以澄清问题？改写作文的时间又是多长？如果教师能将同伴反馈过程中的各个阶段都精心设计好，并规定大致的时间，会大大提高同伴反馈的效率。

毫无疑问，同伴反馈活动是耗时的，然而它不是在浪费时间。同伴反馈是一个综合的过程，在此过程中学生的收获不仅仅是学会评阅他人的作品，以及采纳他人的建议修改自己的文章。在这一以学习者为中心的学习过程中，学生在很多无形的方面得到了启发和培养，如自主学习能力、自我编辑及修改能力、评估与反思的能力、分析及解决问题能力等。因此同伴反馈是一项"rewarding activity"。

第二，评改态度。有些学生对同伴互评认识不够，缺乏责任心。他们只是把同伴互评当作教师布置的一项任务，在讨论中缺乏互评的积极性，互评时难以做出具体、细致的评论，只提出总体评论"good"或"well-done"，结果使评论流于形式。

将同伴反馈和终结性评价相结合以鼓励学生接受同伴反馈，可以避免同伴之间对作文进行评分时所产生的权利关系等问题。Brown et al. (1997)建议把同伴反馈和终结性评价结合起来。在实施过程中，可以灵活地采取一些策略。例如，同伴部分的反馈适度增加；让多个同伴参与同伴反馈以减少因偏见带来的风险；不将所有学生的评分纳入终结性评价；允许学生选择他们最好的作品作为代表作参与同伴评分，从而使他们对整个过程有更多的控制。Bloxham & West(2004)提出对高质量的同伴反馈给予25%的分数作为奖励。这个额外的奖励可促使学生仔细考虑评估标准和书面反馈意见，从而提高同伴反馈的有效性。作为奖励的分数比重不能太低。Ballantyne et al. (2002)发现，如果只给同伴评分过程分配少许分数，对提高同伴反馈质量的作用就非常有限。当评分过程被分配更多的分数时，学生们同伴评语的质量和数量也就成比例地提高了。Nelson & Murphy(1993)认为，学生对同伴反馈的态度以及同伴反馈能否成功很大程度上取决于环境因素，即教室里的社会氛围。因此，教师除了使用总结性评价调动学生的积极性之外，还应努力营造轻松和谐的反馈氛围，鼓励学生们以认真、辩证、尊重的态度看待对方的作品。

第三，文化差异。二语写作课堂上的文化差异问题主要来自跨文化交际，以及集体主义文化(collective culture)和个人主义文化(individual culture)之间的差异。一些外语教师不愿意采用同伴反馈法，主要是因为学生来自不同文化背景的国家。Allaei & Connor(1990)认为，来自不同文化背景的学生有不同的交流方式，对于有效反馈和文章好坏的理解也不尽相同，而且他们各自拥有不同的社会语言学概念，在发言者倾听者的角色扮演及礼貌策略问题上的理解就会有差异。这些差异会造成他们在同伴互动上发生冲突，进而造成整个跨文化小组合作失败。另外一些教师不愿意采用同伴反馈的方法，因为他们不信任来自集体主义文化背景的学生进行此项活动的有效性。因为这项活动的主旨就是根据每个人的不同情况，使每个人而不是整个集体受益(Carson & Nelson 1994；Nelson & Carson 1998)，当然他们的研究并不能说明在集体主义文化背景下不能进行这项活动。

Weizhu(2001)调查了混合同伴反馈组(英语是母语和非母语者组合的小组)进行的互动和反馈，发现混合组有利于促进互动，将参与者的公平性最大化。而且反馈还可以帮助 ESL 学生提高同伴反馈的实用技能。为了帮助学生更好地进行反馈，老师可以考虑帮助学生拓展反馈策略及技能，指导他们如何澄清疑义，引出反馈。尤其是 ESL 学生，他们可以成为更活跃的参与者，以便在自己的论文讨论中扮演重要的角色，并且从同伴反馈中获益。最后,老师不应依赖于单一的反馈模式,将口语和书面反馈结合或者交替使用能使母语者和 ESL 学生更好地促进并受益于同伴反馈。

第四,教师的权威性和对同伴的不信任。在以教师为中心的文化氛围里,学生更认同教师反馈的权威性,更愿意在写作中采用教师反馈。在选择完成终稿前得到的反馈方式中,大多数的学生希望得到教师的反馈,希望得到同伴反馈和自行修改的分别仅占很少的比例。研究发现,在反馈有效性和得到回应度上,教师反馈都高于同伴反馈,学生更看重教师在专业上的权威,认为教师反馈比同伴反馈更有用。与此相对,参加同伴反馈的学生对同伴的评价的忠诚度和准确性持有怀疑态度。有调查显示,中国学生不倾向于接受来自其他英语为非母语的学生对自己作品的评价;学生抱怨反馈不涉及深层次和内容方面的问题;同伴会给出"错误""不理解""误导性"的反馈;水平高的学生对教师反馈利用率高,对同伴反馈利用率低。很多学生并不认为自己及同伴是有效的评价者,对同伴断错纠误的能力持怀疑态度。学生更喜欢阅读同伴的作文和同伴的评语,而不是特别喜欢给同伴写评语。在对学生的访谈中,出现这种现象的原因大体是学生对自己的评价能力感到不自信,另一个原因是有些同学有懒惰思想,缺乏责任意识,不能针对文章中存在的问题提出具体建议以帮助同学修改,同伴反馈中时常有漏改或出现反馈有误的情况。

针对这种情况,教师应向学生讲明同伴反馈的优势,减轻学生的焦虑感,让学生从心理上认可它、接受它,以自信积极的态度评价同伴的文章。与此同时,在同伴反馈过程中学生的收益是无法具体量化的,它不仅仅表现在提出意见、修改意见等方面,只要学生能积极投入同伴反馈,无论语言水平高的学习者还是语言水平低的学习者,都会有很大的收获。

第五,面子问题。同伴反馈中,部分学生由于担心自己对同伴写作的批评或建议影响同学关系,就会为了保持和谐气氛而保留自己的意见。这种"给面子策略"即"保持和气策略"导致同伴评价往往似是而非，含糊其辞，内容空泛。他们在修改中更愿意给予同伴肯定的评价，尽量不与同学发生过多的争辩，认为对同伴作品的批评会伤害同伴之间的感情，这些都会削弱同伴反馈的有效性，最终导致写作技巧不能得到实质性的提高。

针对此方面的问题，教师可以采用匿名评判或细化评判标准等方式来解决。比如提供同伴反馈表，要求学生既评出文章的闪光点，又指出文章的不足，同时告知学生无论是肯定的意见还是批判的意见，都有利于大家写作水平的提高。

第六，考试文化。现阶段我国大学英语写作教学主要以应试制度为导向。由于考试制度的影响，学生人数众多，课堂上难以开展团队活动，同伴反馈这一重要环节往往被省略。大部分教师对具体实施过程教学法感到受拘束。写作教学所面临的问题是，学生必须在考试的规定时间内，按照指定的作文题目完成作文。而且一稿制成为主要教学模式，其更强调语法的准确性，学生们很少关注别人的反馈，更看重分数，没有机会修改。以上问题需要教师转变教学观念，注重学习过程，积极开展形成性评价。此外，教师在改进写作教学模式及评改模式时要考虑到写作的社会性，应多引导学生开展诸如互评之类的集体写作交互活动；期间不应忽视对学生的鞭策与激励，应尽可能在肯定优点的前提下指出其写作文本中的不足，从而使学生提升对写作的信心、兴趣、动力，降低写作焦虑，最终促进学生的二语写作水平提高。

总之，鉴于同伴互评是一个较为复杂的社会交互过程、心理认知过程、写作知识和技巧构建及内化的过程，实施互评法之际，教师宜采用激励的互评原则、灵活的互评机制、有针对性的互评培训、易于操作的互评细则及标准，把握好互评各个环节，以充分发挥同伴互评反馈机制在我国学生二语写作过程中的实际功效。写作是一个复杂的认知过程，学生能否掌握和熟练运用语言知识，能否在社会交互中更好地提取资源，充分而准确地表达思想，对于学生写作能力的提高与否有千丝万缕的联系。同伴反馈是英语过程教学法的关键组成部分，同伴反馈具有现实的教学意义。虽然理论探讨是必要的，但是同伴反馈的实质是要使同伴反馈产生最佳效果，仅是蜻蜓点水、浅尝辄止地把同伴反馈当作调味品来运用，恐怕很难实现这一目标。必须在充分了解学生现有语言水平的基础上，对其进行合理的分组，事先进行耐心的培训，辅以科学的反馈手段，提高学生参与的积极性及对同伴语言水平的信任程度，减少学生对教师的依赖，才能令学生在合作学习的过程中提高写作水平。

第五章　同伴反馈评阅者与被评阅者的优化策略

　　目前,国内外学者针对同伴互评的母语和二语写作研究内容主要包括:同伴互评的优点和功效;同伴互评与教师反馈等其他反馈形式的比较;同伴互评中存在的问题及对策,如学生互评作文训练策略、学生反馈类别等。从上述研究成果中不难发现,对于同伴互评的研究主要集中在整体研究的层面,即将同伴互评作为一个教学活动,研究其在写作教学中的整体优势和操作方法。而在实践中,同伴互评活动包括两个层面,学生在同伴互评活动中通常扮演两种角色——评阅者和被评阅者,又称为反馈施与者与反馈接受者,学生在同伴互评中至少经历两次任务——批阅他人的作文和修改自己的作文,同伴互评活动中的反馈施与者和反馈接受者各有怎样的收益? 批阅他人作文和修改自己作文哪个更能在英语写作教学中发挥有效作用? 如何在同伴反馈过程中进一步优化反馈施与者的反馈效果和反馈接受者的修改效果呢? 本章将探讨以上问题。

第一节　评阅者与被评阅者的受益分析

同伴反馈经常被用于一语和二语写作课堂。这项活动既能让学生得到更多的写作反馈，也能锻炼学生语言发展和写作能力方面的一系列技能，如意义协商、想法交流、写作过程的见解等。学生作为评阅者能够批判性地评价写作，通过对他人作品进行评判，更易于学会从宏观角度（内容和结构组织层面）检查同伴的文章并提出反馈，这是写出高质量文章和取得学术成功的一项重要技能。学生作为被评阅者可以学会如何写给真实的读者，得到除自己以外其他人的观点和意见，讨论如何有效地修改文本等。因此，同伴反馈是一项双赢的活动。

一、评阅者与被评阅者应遵循的总体原则

（一）教师指导和学生主体性原则

尽管评改是在教师的指导下进行的，但是作为学习的主体，学生却应该是评改的主要参与者。作为教师，应该在评改的过程中制定好行之有效的教学计划，制定评改标准和可行的方案，使学生在评改过程中有章可循，这样学生的学习才能得心应手，在教师的指导下一步一步地完成教学目标。这时学生成为活动的主体、主要的参与者，在评改的过程中不断地反思自己，教育自己，"给自己不断的鼓励和信心"，发现写作的乐趣，提升自己的反思和修改能力。这使学生终身受益。同伴反馈活动中要强调以"共同参与、共同协商、肯定优点、找出不足、相互学习、相互借鉴"为互评原则，使学生确信在写作过程中进行互评是一项很有意义的合作性写作活动。

(二)形成性评价和动态性原则

在过程写作法中的同伴反馈中,教、学、评是三位一体的。评估始终贯穿于学习和课堂的全过程。教师在课堂教学中和学生参与活动的过程中不断地进行评估,在学生的活动变化中得到第一手的资料,以此不断改进自己的教学方法,有利于自己教学能力的提高。学生既是评价者又是被评价者,在活动过程中,从别人的身上不断学习,有利于培养学生的自省意识以及与他人积极交流并解决问题的能力。

在学习和评价中学生不断地取得进步,从不会评价到参与评价到主动参与评价,从单项到多项,一步一步,在学习的过程中不断地进步。教师也应该用发展的眼光来评价学生,注重学生自身的纵向比较,不断地给予学生鼓励,激励他们不断进步。

(三)合作性与赏识性原则

与人交流、全情投入、对自己的评价负责等,都是学生需要学习的。学生在学习过程中不仅需要学习知识与技能,更需要学习与人交流的技巧和与人合作的精神。教师必须要求自己和学生以亲切的、商量性的口吻与别人交流讨论,这有利于培养学生的合作精神。心理学研究表明,学生想象力和创造力的形成,常常依赖于外部良好的刺激。在评改过程中,应该尽可能地发现别人作品中的亮点。作为被评价者,自己的闪光点不断地被别人发现、赏识,学生将不断地获得成就感,同时学习兴趣有效地得到激发,学习动机不断地得到强化。

二、评阅者与被评阅者的受益分析

尽管同伴反馈的益处毋庸置疑,但是把评阅者和被评阅者的受益情况分开的实证研究相对较少。胡茶娟(2011)为探讨同伴反馈在国内英语写作教学实践中使用的情况,对南京信息工程大学

2008 级理工科类专业 135 名学生进行了实证调查。结果表明：实验班学生作为反馈施与者能更好地把握写作主题和文章结构层次等宏观技巧，而对照班学生则能更准确地把握语言表达细节等微观层面的问题；实验班和对照班高分组收益情况不存在明显差异，实验班中间组是本次实验的最大受益者，实验班低分组的学生更能取得作文宏观技巧的提高。

表 5-1　实验前后所使用的作文题目与评分规则

评分规则	内容主题	篇章结构	语言表达	语意连贯	总体评分
写作任务	审题准确，中心思想明确，内容紧扣题目	结构完整，段落层次分明，条理清晰，文章篇幅合理	用词规范，符合英语表达习惯，语法错误较少，语言基本功扎实	文字连贯，语言流畅，句子、段落衔接合理，能恰当地使用过渡词	(Global Scoring)
前测	1-2-3-4-5	1-2-3-4-5	1-2-3-4-5	1-2-3-4-5	15
My View on Foreign Snacks					
后测	1-2-3-4-5	1-2-3-4-5	1-2-3-4-5	1-2-3-4-5	15
My View on Major-hopping					

　　比较不同水平组的受益结果，实验班高分组与对照班高分组不存在明显差异，并且高分组在内容、结构、语言方面的差异也没有达到显著水平，这说明高分组在进行英语写作同伴互评活动时执行不同互评任务受益大小没有明显差距。而中间组作为本次实验结果的最大受益者，在实验班和对照班的英语写作同伴互评活动训练中收益差距明显，即在反馈施与者与反馈接受者的角色扮演中有明显的差异，在作文评分的内容、结构、语言和语意四个方面都达到了显著水平。也就是说，中间组的学生以反馈施与者的角色对同伴作文进行评阅并提出修改建议，这更能够促进其写作技能的提高。最后，实验班低分组和对照班低分组在实验后测作

文总分的差距上未达到显著水平。但是，在作文的内容、结构和语意方面，实验班低分组得分情况明显高于对照班低分组，表明执行反馈施与任务的低分组学生更能取得作文宏观技能的提高，优于接受反馈进行修改的低分组同学。另外，在语言细节错误方面，对照班低分组的得分情况却高于实验班低分组，说明对于英语基础水平较弱的学生而言，难点在对同伴作文的评阅中去发现和纠正诸如句法、搭配等细节错误，要在别人帮助下才能发现错误，从而深化理解实现改进。

因此，同伴互评中反馈施与者通过对同伴作文的评阅能够有效将思考技巧提升到较高层次，有效地解决自身作文存在的问题，提升学习的结果，从而促进学习成绩的提高，特别是对中等程度和基础相对薄弱的学生有较大帮助。作为反馈接受者，高分学生由于自身英语基础水平较高，在写作中表现出来的问题较少或不太容易被发现，因而更能从接受反馈的角度去发现具体错误并进行提高。在大学英语写作教学面临授课时间少、学生人数多、教师任务重等问题时，为了使同伴互评活动对提升学生英语写作质量发挥更积极的功效，教师首先需要指导学生分组，对不同英语基础水平的学生开展有不同侧重的写作同伴互评活动，根据学生不同的水平精心设计每一次活动，帮助学生营造双赢的合作环境，并且引导学生进行有效的反馈施与和接受。这样才能够做到事半功倍，激发学生写作的自主性，让不同层次的学生写作技能有所提高，最终促成大学英语写作课堂教学活动有效模式的形成。

三、国外典型实证研究介绍

Lundstrom(2009)对同伴反馈的双方即反馈施与者和反馈接受者的受益程度进行了调查。英文题目为"To Give Is Better than to Receive: The Benefits of Peer Review to the Reviewer's Own Writing"，文章发表在 *Journal of Second Language Writing*，

2009 年第 18 期,页码范围:30—43。虽然同伴反馈被认为在大多数写作课堂教学中是有益的,但在二语写作课堂上,同伴反馈中给予反馈的一方或者反馈施与者的获益程度没有得到充分的重视。因此,他研究的目的是调查在同伴反馈中哪一方更能提高学生的写作水平——反馈施与者还是反馈接受者。研究对象为某校英语学院 9 个班 91 名两种不同语言水平的学生。在一学期的写作活动中,反馈施与者只对一些匿名的文章进行反馈而不接受反馈,反馈接受者只接受来自他人的反馈而不做出反馈。通过对学生学期初和学期末的写作样本进行分析发现,反馈施与者在一学期的收获大于反馈接受者。调查结果还发现,低水平的施与者比高水平的施与者收获更大,并且在宏观修改方面的进步也更大。下面将具体介绍研究问题、实验过程及调查结果。

(一)研究问题

同伴反馈(同伴修改,同伴评价)经常被用于一语和二语写作课堂。这项活动既能让学生得到更多的写作反馈,也能锻炼学生语言发展和写作能力方面的一系列技能,如意义协商、想法交流、写作见解等(Hansen & Liu 2005;Mangelsdorf 1992)。一些基本问题——如何培训学生(Hansen & Liu 2005;Schaffer 1996),如何分组(Hansen & Liu 2005;Mendonca & Johnson 1994;Rollinson 2005),如何设计活动类型(Bell 1991;McMurry 2004;Schaffer 1996),使用何种方法(Donnell 1980;Rollinson 2005)等——均以参与学生的特殊需求为基础。由于在不同情境中的最佳活动方式不同,在考虑如何提高同伴反馈参与度及利用这一形式的最佳方法时,教师会被多种选择和问题所困扰,因此有些批评家认为同伴反馈在二语课堂中的价值有待商榷(Nelson & Murphy 1992)。

很多有关支持同伴反馈的研究支持以下观点:同伴反馈在被正确使用的情况下,尤其在学生接受过如何做出和接受反馈的训练的情况下（Min 2006），是非常有效的（Bruffee 1978；Lockhart & Ng 1995；Paulus 1999）。教师可以把这种方法作为向学生展示写作技巧的一种方式，以创建一个以学生为中心且学生能够批判性地评价自己的写作课堂（Bell 1991；Braine 2003；Tang & Tithecott 1999）。二语写作课堂中的同伴反馈也能为学生提供更多的意义协商机会（Krashen 1982），不仅能提高他们的写作水平，还能够锻炼其听说能力（Lockhart & Ng 1995；Mendonca & Johnson 1994；Tang & Tithecott 1999）。同伴反馈环节可以教给学生很多重要的写作技巧，如如何写给真实的读者（Mangelsdorf 1992），如何得到除自己以外其他人的观点和意见（Paulus 1999），如何有效地修改文本（Lee 1997）。

据此，研究要解决的主要问题是：写作教师怎样让同伴反馈的效益最大化。具体而言，有以下问题：

①写作能力上，对同伴文章施与反馈的学生是否比修改反馈的学生提升更明显（对于初学者和中等水平学者）？

②如果对同伴文章施与反馈的学生比修改反馈的学生写作能力提升更明显，那么具体表现在哪些方面（总体和局部分述）？

目前，二语研究中没有严格的实证研究证明对同伴作品进行反馈可以提高学生的批判性评估能力，并且这项能力能转移到自己的写作过程中，在写作的宏观和微观层面有所提高。这是同伴反馈研究的缺失，而这类研究将有助于教师了解到学生不仅能从接受同伴反馈中受益，也能从自己给出的反馈中受益，从而促使教师更努力地为学生提供高质量的反馈。

（二）研究方法

1. 研究对象

研究的被试是来自杨百翰大学英语研究中心的 91 位学生，他们在研究期间参加了共有 9 次课的写作课程。在该研究中心，学生被分为 5 个水平层级，第一层级为初学者水平，第五层级相当于比较高级水平。被试中有 45 位来自层级二（高级初学水平）写作班，46 位来自层级四（高级中等水平）写作班。这两个层级的学生都分别被分成两个组，第一组由两个高级初学水平班和三个高级中等水平班组成，共 46 位，作为控制组（接受者）接受同伴反馈但不对同伴文章（由他们同一层级的学生完成的作文）施与反馈。第二组由两个高级初学水平班和两个高级中等水平班组成，共 45 位，作为试验组（施与者）对同伴的文章施与反馈但是不接受反馈。每个班由 12 至 19 位学生组成，学生说八种不同的母语，46％是男性，54％是女性。

2. 研究过程

如上所述，被试学生基于他们所在班的层级水平，被分为控制组（接受者）和试验组（施与者）。接受者接受同伴反馈但不施与，施与者对同伴的作文施与反馈但是不接受反馈。因此，试验组的情况和在一语研究中类似（即写作老师施与反馈但是不修正）。与以往研究不同的是，我们的研究还包括一个只修改文章但不提供反馈的小组。通过对这两个小组的不同条件的控制，研究考察同伴反馈的益处是出现在施与中、接受中，还是两者都有，以帮助写作教师更有效地运用同伴反馈活动。

在为时一个学期的研究中对学生进行四次同伴反馈训练，期间唯一不同的是，对接受者的培训主要关注如何利用反馈来修改文章，而对施与者的培训是针对如何做出反馈。例如，引言是写作课程的常规部分，在两组学生中都开展如何写好引言的训练，教授控制组如何利用反馈来修改一个引言，教授试验组如何对引言进行有效反馈。然后，给两个组发放同一篇由该组所在同层级水平学生写的例文，并随之给出同样的要求。如在上述例子中给出的一个相关要求是"完善文章的观点"，要求接受者针对写在例文边上的反馈信息对文章观点进行完善，要求施与者给出改善文章的建议并写在文章边上。即两个组考察同一篇文章中的同一个话题，但是接受者需要修改文章，而施与者要对如何完善文章给出自己的意见和建议。

需要提出的是，学生参与的同伴反馈活动仅是类似这样的课堂上的篇章训练，且这些篇章是由其他同层级学生在该年度内完成的真实文本。不用学生自己的文章是为了控制写作成果这一变量（因为不同文章的整体完成情况和需要何种修改都会有大大的不同）。为了确保施与组只给出反馈，接受组只学习如何利用同伴反馈（但是不施与），学生没有进行互动反馈。

此外，研究中在这些班级中使用同样的文章和教学计划确保学生得到的教学指导相似。这些教学计划是为了达成该语言中心的各项写作教学目标，教师可以根据自己的教学进行删减，但是不能对其进行显著性的大改动。比如，其中一个教学计划中，教师要教授学生如何用中心观点和细节进行段落写作。教师先和学生一起写一个范例，再要求每个学生自己写一个段落。教学中，教师可以改变范例写作的话题，但不能过于偏离对接受和施与反馈的教学。也就是说，教师虽然要在每个班中都教授课程的基本要点，但可进行一定的调整。两组学生完成写作任务后，教师不用对其进行修改反馈。

在研究中，学生来自同一个机构，两个小组成员间可能会相互沟通，其中一个组的成员可能会因为得到不同的任务而产生不满。但我们认为，这样的不满即使有也很少——如上所述，对两组学生的课堂指导是相似的，唯一的不同只是授课过程中所做的适当调整。

3. 评分员

在前测和后测中，学生被要求在规定时间内完成一篇文章，由这个英语语言中心指定 7 位评分员（两男五女）进行评分。这些评分员分别教授过 1—8 学期的写作，都有评价学生作文的经验，且都用该中心的 5 点评分法给学生的期末写作评分。评分过程中，五个评分员对学生第一学期的作文评分，五个对学生第二学期的作文评分，其中包括几个对第一和第二学期作文都进行评分的评分员。研究的理想情况是所有的作文由同一位评分员进行评分，但因为评分员的教学安排和时间限制不能实现。鉴于此，所有的文章由两位评分员进行评分，以确保评分的信度。此外，如下所述，我们进行多种分析以确保评分标准化和评分工具的效度。所有的评分员既评初学者也评中级水平学生的文章，且所评文章都是随意分配的。

4. 评分标准

为评价学生的写作水平，研究使用了 Paulus(1999)的评价量规来评价诊断性篇章(前测)和最终篇章(后测)。使用这个评分标准是因为它除了能给出总分，还能对写作宏观和微观情况进行分析性评价。评分标准基于一个十级量表，学生的文章根据以下方面分别得到 1—10 分：篇章组织、行文发展、衔接、结构、词汇以及机制。篇章组织指篇章中心思想正确性和观点统一性；行文发展指文中例子的使用情况；衔接指观点之间的联系和衔接词的使用；结构指句子复杂度和语法精确度；词汇指意义的清晰度和词汇使用的精准性；机制指拼写、标点、大写及整体形式。评分量规的各项标准平均后得出的总分即篇章的总体成绩。

该研究从三个方面确保这个评价量规的效度。首先是让评分员用这个评分量规对学生在以往的五个文本进行评分训练。这五个文本经每个评分员评分，然后所有评分员对他们的评分给出理由并进行讨论，并最终一致同意某一个评分。评分员不断进行这一操作，直到所有的评分员根据这十项指标给出的分数相一致，都理解量表中的六个标准，并乐于使用这个量表。第二，所有的文章都由至少两个评分员评分，然后对分数进行平均。如果前两位评分员在对某个篇章进行评分时，对应标准给分有异议的项目超过一项，那么由第三个评分员对此争议点也进行评分，然后再得出平均分。为提高评分员信度,每个学期都有几篇文章经所有评分员评分。最后,为确保所有分数有效,对数据进行 FACETS 分析,并用 FACETS 得出分数分析所有数据。

(四)数据分析

为了观察在这学期中反馈施与者的写作水平是否比接受者有更大的提升,每个学生在学期第一周和最后一周分别完成一篇 30 分钟限时写作,完成的文本即前测和后测文本由评分员进行评分。课内限时写作是为了确保学生独立完成作业。作文的话题根据该层级学生的写作教学目标给出,同层级所有学生的写作话题相同。

限时写作中收集的数据根据学生二语水平(低级和中级)和分组(施与者或接受者)进行归类。数据包括对前测、后测所得篇章的总体分数即六个具体方面的分数:组织、发展、衔接、结构、词汇和机制。然后由 FACETS 处理数据。FACETS 是反应理论中一个基于模型的数据分析软件(Lynch & McNamara 1998;Park 2004;Winsteps 2008)。FACETS 中所得的分数称为 logit 分数,该分数对评分员给分的严格或宽容程度进行调整,从而成为独立于评分员的、更加精确表示学生成绩的分数,用来分析写作成绩(前测和后测成绩的不同)。FACETS 的分析结果也表明,评分员对学生写作成绩的打分具有一致性。对所有学生前测和后测所得文章都给出 logit 分数后,进行数据分析,这一分析决定评分方法的效度。

(五)结果

研究关注的第一个问题是,对同伴给出反馈的施与组在前测和后测中所得的分数是否比利用同伴反馈的接受组高。为了回答这个问题,我们对 7 方面(宏观、组织、发展、衔接、词汇、机制和语法)进行了重复测量方差分析,时间(前测和后测)作为被试内因子,试验条件(接受和施与)作为被试间因子,经分析可判断哪个组在前测和后测中取得的成绩具有显著差异性；对初学者和中级学习者成绩数据分别进行分析，以观察这两个级别间是否存在差异。研究的第二个问题是，如果两个被试组间存在差异，差异出现在写作的哪些方面（整体的还是局部的）。针对第二个问题，研究用了图基（Tukey）事后检验法。

1. 初级水平学习者

为了在初学者中观察这两个问题，对每方面（宏观、组织、发展、衔接、词汇、机制和语法）进行了重复测量方差分析，测试时间（前测和后测）为被试内因子，试验条件（接受和施与）为被试间因子。分析结果表明，测试时间（$F_{(1,45)} = 238.805$，$p < 0.0001$），测试时间×测试方面（$F_{(1,6)} = 8.27$，$p < 0.001$）及试验条件×测试时间（$F_{(1,6)} = 28.209$，$p < 0.0001$）有显著性影响，表明两组写作的有些方面都取得了进步，但是在有些方面，一组比另一组取得的成绩更大。图基（Tukey）事后检验法表明初级水平组在整体上和三个宏观方面取得的进步比中级学习者更明显。

重复测验方差分析表明，初级水平者中反馈给予组和反馈接受组在写作前测和后测中，都在有些方面取得了进步，但前者比后者的成绩提高更多。结果中有一项要考虑的是反馈施与组的前测分数比接受组低（见表5-2）：对接受组和施与组的前测分数进行双因素方差分析（试验条件×写作方面）得出试验条件有主效应（$F_{(1,45)} = 9.014$，$p < 0.003$），表明接受组在前测中比施与组的分数更高。如果接受组在后测中的分数也更低，表示两组成绩进步的差异可能只是前测分数不同的结果。但在图基（Tukey）事后检验法中对后测分数进行类似的分析表明，施与组的后测成绩比接受组高（显著性影响：$F_{(1,45)} = 15.899$，$p < 0.0001$），且在每个方面都是如此（因为写作方面×试验条件不相关（$F_{(1,45)} = 0.101$，$p > 0.05$）。换句话说，施与组在前测时分数比接受组低，而在后测中取得了比接受组更高的分数（见表5-2）。

该结果表明,至少对初级水平学习者来说,对同伴写作给予反馈比接受反馈更能提高自己的写作能力。此外,分析也表明在写作的宏观技巧方面,施与组比接受组的表现更好。

表 5-2 对初级水平施与组和接受组进行的前测和后测的成绩
(及测试成绩的差异)(FACETS 中前测和后测 logit 分数在每
个原始分数的下方;标准方差在原始分的并列右方)

	Receivers(C)			Givers(T)		
	Pre-test	Post-test	Diff	Pre-test	Post-test	Diff
Organiza-tion	3.39(0.80)	4.64(1.03)	1.25	3.08(0.88)	4.89(0.70)	1.81
	−2.37(2.73)	0.41(2.75)	2.78	−3.03(2.87)	1.31(1.86)	4.34
Develop-ment	3.20(0.91)	4.26(1.11)	1.06	3.00(1.00)	4.60(0.84)	1.60
	−1.88(2.67)	−0.01(2.33)	−2.39	−2.39(3.13)	0.86(1.75)	3.25
Cohesion/Coherence	3.05(0.65)	3.90(0.91)	0.85	2.85(0.92)	4.39(1.01)	1.54
	−1.55(1.92)	−0.29(1.72)	1.26	−2.34(2.97)	0.49(1.51)	2.83
Structure	2.92(0.78)	3.71(0.66)	0.79	2.54(0.71)	4.03(1.05)	1.49
	−2.54(2.27)	−1.00(1.24)	1.54	−3.32(2.17)	−0.53(1.65)	2.79
Vocabulary	3.19(0.67)	4.01(0.75)	0.82	2.75(0.72)	4.25(0.94)	1.50
	−1.36(1.76)	−0.53(1.49)	0.83	−2.99(2.77)	0.23(1.99)	3.22
Mechanics	3.20(0.74)	3.75(0.89)	0.55	2.93(0.90)	4.15(0.93)	1.22
	−1.82(1.83)	−0.83(1.73)	−2.99	−2.41(2.38)	−0.04(1.65)	2.37
Overall	3.16(0.74)	4.04(0.91)	0.88	2.91(0.77)	4.38(0.94)	1.47
	−1.27(1.15)	−0.45(1.03)	0.82	−1.76(1.51)	0.09(1.03)	1.85

2. 中级水平学习者

对中等水平学习者的前测和后测各方面(宏观、组织、发展、衔接、词汇、机制和语法)进行了类似的重复测量方差分析,测试时间(前测和后测)作为被试内因子,试验前提(接受和施与)为被试间因子。结果表明,测试时间有显著性影响($F_{(1,43)} = 7.926$,p=

0.005)，但测试条件（$F_{(1,43)}=0.370$，$p>0.05$）没有显著影响，且试验条件×时间不相关（$F_{(1,43)}=2.23$，$p>0.05$），表明两组在前测和后测中在有些写作方面都取得了进步，但是所得成绩相互间没有差异。图基（Tukey）事后检验分析表明，施与和接受反馈的中等水平组在组织、发展和结构方面都取得了进步，但是其他方面没有进步（见表5-3）。

表 5-3　对中等水平施与组和接受组进行的前测和后测的成绩
（及测试成绩的差异）（FACETS 中前测和后测 logit 分数在每
个原始分数的下方；标准方差在原始分的并列右方）

	Receivers(C)			Givers(T)		
	Pre-test	Post-test	Diff	Pre-test	Post-test	Diff
Organiza-tion	4.91(0.90)	5.2(1.15)	0.41	4.74(1.15)	5.29(1.38)	0.55
	2.27(2.48)	2.32(2.97)	0.05	1.61(3.03)	1.61(3.65)	0
Develop-ment	4.76(0.98)	5.15(1.01)	0.39	4.80(1.00)	5.04(1.32)	0.24
	1.96(2.05)	1.89(1.83)	−0.07	2.03(1.86)	1.44(2.61)	−0.59
Cohesion/coherence	4.62(1.22)	4.72(1.17)	0.10	4.60(1.13)	4.80(1.36)	0.20
	1.65(2.10)	1.05(1.86)	−0.6	1.62(1.82)	0.91(2.46)	−1.52
Structure	4.73(0.91)	5.00(1.14)	0.27	4.92(1.05)	4.71(1.14)	−0.21
	1.36(1.78)	1.56(1.82)	0.2	1.61(1.83)	0.70(2.12)	−0.91
Vocabulary	4.80(1.08)	4.97(1.05)	0.17	4.87(0.86)	4.91(1.08)	0.04
	2.09(2.23)	1.92(1.81)	−0.17	2.14(1.70)	1.55(2.09)	−0.59
Mechanics	4.69(1.07)	4.61(1.03)	−0.08	4.94(1.01)	4.73(1.11)	−0.19
	1.34(2.32)	0.92(1.91)	−0.42	1.72(1.84)	0.95(1.95)	−0.77
Overall	4.78(0.90)	4.97(1.08)	0.19	4.84	5.09	0.15
	1.18(1.23)	0.91(1.16)	−1.08	1.21(1.13)	0.67(1.51)	0.54

中等水平施与者和接受者成绩没有差异，可能是因为他们已

历经了几个学期的同伴反馈活动,而所有的初级水平学生都没有
接受过同伴反馈训练。为了观察前期同伴反馈活动是否对研究结
果有影响,研究将试验组和控制组中的学生又分为新生组(之前没
有在英语课中参与过同伴反馈)和回归组(以前在英语课中参与过
同伴反馈)。假定在美国参与第一学期英语课的学生之前从来没
有参加过同伴反馈,那么新的中级水平组取得的成绩差异(新施与
组的相比新接受组的)可能会和之前在初学水平组中施与和接受
组中得到的差异结果相似。

为了检查结果信度,对研究中在美国参加第一个学期英语课
的中级水平施与者和接受者的前测和后测成绩进行类似分析。对
前测和后测分数进行双因素方差分析(试验条件×写作方面),结
果表明时间具有主效应($F(1,15)=4.43, p<0.05$),说明对于最
新参与同伴反馈活动的学生来说,中等水平施与者比接受者取得
了更高的成绩。图基(Tukey)事后检验分析表明,这些更高成绩
表现在写作的宏观、组织和发展方面。而当对有过同伴反馈经验
的施与组和接受组成员成绩进行类似分析时,没有发现显著性差
异($F(1,31)=0.999, p>0.05$)。施与组和接受组中无同伴反馈
经验的新成员和回归成员所取得的总体成绩见图5-1。

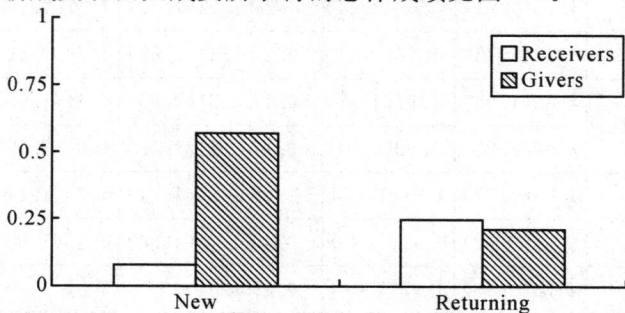

图 5-1 施与组和接受组中新成员(没有在英语课中参与过同伴
反馈)和回归成员(在英语课中参与过同伴反馈)取得的成绩比

　　以上分析了学生对写作篇章施与和进行修改对其写作成绩的影响，同时也分析了学生在哪些方面取得了显著性进步，以及这些方面是写作宏观还是微观方面。分析结果表明，初级水平学生取得的进步显著高于中级水平学生。初级水平施与者各方面成绩都有显著提高，且在写作的宏观和全局方面比接受者提高得更多。中级水平施与者和接受者在较少方面（组织、发展和法语）取得了显著性成效，且写作的语言方面相互之间没有差异。针对在英语课没有参与过和已经参与过同伴反馈的中级水平学生，施与者和接受者在写作的宏观、发展即组织方面的提升有显著性差异。

　　施与组的成绩比接受组高也可能是因为除试验条件以外的其他因素，如教学质量、学生个体差异或前测和后测中的不同经历。完全忽视这些因素是不可能的，但至少有三方面表明这两种不同的前置条件对于施与者和接受者的分数有一定的影响。首先，研究中有八位教师及其学生参与研究以控制教师的影响和学生个体差异。研究表明，施与组班级的学生比接受组班级的学生取得了更显著的成绩。其次，初级水平学生和没有参与过同伴反馈的中级水平学生取得了一样的成效（宏观方面）。再次，施与者和接受者成绩提高的方面也是接受指导的不同方面；如果有其他因素影响，就不会得出所有的施与者都取得同样成绩提升的结论。最后，如果不是因为试验条件不同，就无法解释中级水平学生中没有参与过同伴反馈的施与组和接受组学生取得的进步差异之大。据此，虽然支持这些结论需要进一步的研究，不同试验组写作成绩进步的差异至少可以部分归因于学生是施与还是接受反馈。

（五）综合讨论

　　研究的发现表明对同伴的作品施与反馈能提高学生的写作水平，也表明反馈施与者比反馈接受者取得的进步更大，进一步支持了在一语领域（Sager 1973）和二语领域（Teo 2006）的早期发现。施与反馈更能提高自己的写作水平原因之一是，学生从中培养对自己的文章进行批判性自我评价的能力,并对文章进行有效修改(Rollinson 2005)。如果只教授学生如何解读同伴反馈,这些写作技能可能就得不到提升。

研究的结果也可以用社会文化理论来解释。施与反馈比修改文章更能提高成绩,因为反馈者需要判断同伴反馈的层级。反馈者常常会判断相关层级同伴的关注点,并为作者提供其最近发展区内的反馈。如果接受者的最近发展区和反馈者的最近发展区不在同一水平,他/她可能就得不到有助于学习进步的反馈,因而收益不大(Nassaji & Swain 2000)。因此,反馈者比接受者更可能从他们给出的反馈中受益。

早期关于鹰架支撑和同伴反馈方面的研究(Guerrero & Villamil 2000)发现,同伴反馈的益处之一还有两个学生的互动。但为了区分施与和接受,在研究中反馈施与者和接受者没有互动,因此后期研究需进一步观察同伴间的交流互动如何帮助反馈施与者提高自己的写作成绩,甚至会发现其获得比研究中施与者更大的进步。不过,研究中施与组比接受组更能控制他们最近发展区内的知识,这个差异可用以解释为什么这两个组在这两个学期中写作成绩取得了不同程度的进步。

研究发现的重要意义在于表明了同伴反馈的收益可能比以前想到的更多。不仅是收到对自己写作的反馈,施与同伴反馈还可能提高双方的写作水平,这是同伴反馈活动收益最大的方面。同伴反馈提高二语写作水平的这一发现也符合之前证明的学习自我评价技巧有利于二语其他方面学习的研究结果(Swain, Brooks & Tocalli-Beller 2002;Sullivan & Lindgren 2002)。

研究结果表明,对写作施与反馈的学生在写作某些方面比只利用反馈的学生成绩提高更明显。研究主要关注的是学生在宏观写作能力方面是否有提高,且预测施与者在这些方面比接受者提高更多。实践中,至少在初级水平者中证实了这一点:初级水平的施与组和接受组在整体和宏观方面的提升都有显著性差异。在写作宏观方面,初级施与者所有方面(组织、发展和衔接)的成绩都比接受者提高得多。有少量同伴反馈经验的中级水平施与者比接受者也取得了更大进步,但只在写作整体方面及宏观、发展和组织方面。

此外,研究还表明,同伴反馈施与比接受更有利于学生学习写作的宏观方面。但因针对两个组的教案都只关注写作的宏观方面,得出这样的研究结果也不足为怪。今后对同伴反馈和同伴修改对写作的微观影响的研究可用以证明在写作结构、词汇和机制方面是否会有类似的结果。

研究也观察了语言水平是否影响同伴反馈者提高自己的写作水平。分析发现,施与者和接受者中大多数差异出现在较低(初级)水平施与组,这组学生比接受者成绩提高更加显著;中级水平组中,施与者和接受者在写作提高的所有方面都没有明显差异,但是在写作组织、衔接和词汇水平方面从前测到后测有所提高;初级水平学生的写作宏观能力更大的提升意味着中级水平的学生从同伴反馈中获得的收益不如前者。

多个理由可以说明为什么初级和中级学习者的写作能力提升出现显著性差异,其中之一是初级水平学生的语言技能较低,相比高级水平组有更大的提升空间,因而学习使用新技能对他们写作能力提升的程度相对更高。这可以用来解释为什么初级水平施与者比接受者的进步更大,但不能解释为什么初级水平施与者在后测中的整体分数高于同伴接受者。此外,较高水平学生在同伴反馈经验方面可能比低水平者更多,这可能意味着较高水平的学生已经得到过同伴反馈的初始收益,因此他们在研究中取得的进步相对没有那么明显。中级水平的学生习得技能的时间可能需要不只一个学期,因此他们在施与同伴反馈活动中的收益在一个学期中不能显现出来。这么解释是因为后续研究中通过分析没有参与过同伴反馈训练的中级水平学生成绩发现，这些学生的反馈施与者比接受者成绩提高明显。过去的研究中也表明同伴反馈对某些层级水平学生的有效性要高于另一层级水平的学生（Kamimura 2006）。

另一个对这些差异的可能性解释是，初学者还停留在自己的最近发展区内与施与反馈的同学互动交流以获取反馈，因此取得了比接受反馈更大的收益。同伴反馈过程要求接受者学会如何在自己的最近发展区内理解反馈信息。Nassaji & Swain（2000）发现，接受在自己最近发展区内的教师反馈信息的学生，比接受任意性反馈（有的在最近发展区，有的不在）的学生，在写作能力上有更大的提升。所以更高水平的学生可能只关注在自己最近发展区内的反馈。

研究结果肯定了对其他学生写作施与反馈是提高写作者自身写作水平的一项重要活动，并有利于不同水平的学生（Bell 1991；Paulus 1999）。通过参与这些活动，学生可以提高自己的批判性自我反馈及写作能力。需要提出的是，研究中，接受者不接受来自同伴对自己写作篇章的反馈，也不和同伴进行互动交流以给出反馈。这么做是为了确保两项任务——施与和接受反馈，能被明显区分开来，以观察它们对学生写作的影响。因此，研究的条件和典型的同伴反馈条件有所不同。为了更有力地支持研究的发现，应有更多的质化研究来观察这两种任务，以进一步观察学生在同伴反馈中主要讨论哪些方面，以及这些方面是否在反馈者自己的写作中有所提升。这样的研究将是补充研究的量化研究，并进一步证明施与反馈如何提高作者自己的写作水平。

还需指出的是，这一学期接受组的学生在写作宏观和具体方面的成绩也有所提升。这和前人的研究结果一样（Bruffee 1978；Lockhart & Ng 1995；Paulus 1999；Hyland 2000），修改文章是一项有益的活动；而当与同伴反馈活动结合起来时，学生应能获得比研究中单独小组(施与或接受)更多的收益。也就是说,在典型的同伴反馈活动中,学生可以提高有效评价文章时需要的思维技巧,同时利用收到的同伴反馈进行操练。因此,一方面,有效的同伴反馈活动需要时间和培训;另一方面,尤其是对于语言水平较低的或只有少量同伴反馈经验的学生来说,同伴反馈活动可以有效地提高写作水平。

第二节　评阅者与被评阅者的优化策略

同伴反馈的根本目的不在于给写作文本定性或量分,而在于提出修改意见供同伴参考,以提高修改稿的质量。因此,要考量同伴反馈的效果,主要看同伴的有效反馈意见点被采纳的比率和有效意见点所引起的成功修改率。这两个比率越高,说明同伴反馈的效果越好。可见,要优化同伴反馈的效果,首先要提高同伴反馈意见的有效率,进而提高学生对同伴语言能力的信任度和对同伴反馈意见的采纳度。

因此,本部分把同伴反馈中的双方评阅者和被评阅者分开来研究,首先探讨如何提高评阅者的有效评改建议,然后探讨如何提高被评阅者的有效采纳建议,最后提供一些促进双方合作的综合建议,以期对大学英语写作教学有所启发。

一、评阅者的优化策略

(一)评阅者水平高评改效果好

有的研究者认为,水平较高的学生对于水平较差的学生的反馈是合理的、充分的,而反过来则不然,后者基本上无法对前者甚至同水平同伴的作文做出合理的反馈(Mangelsdorf 1992;龚晓斌

2007）。写作水平较差的学生因自身水平有限，无法提供准确的反馈信息，有时甚至会提供错误的反馈。同样，水平较差的学生在阅读同伴的反馈时，可能会因为发现不了问题或没有能力修改，而使同伴反馈的意见不被采纳。但是，如果同伴反馈的意见大部分是合理的，其采用的程度就相对较高，反之就低。为了让学生的反馈尽可能合理，可从以下三个方面改进同伴反馈。

第一，评阅者为班级高水平学习者。Connoll 指出，由于对同伴的英语水平以及提供反馈能力的怀疑，学生不愿采用同伴反馈，从而导致同伴反馈的采纳率低。部分调查显示，大多数学生希望同伴评阅者的语言水平高于自己，或评阅者的语言水平较高，这样会提高他们的信任度。第二，评阅者的语言水平相对于被评阅者较高。同伴反馈信度与效度的最佳整合还有待于同伴反馈培训及分组形式的合理化及程式化。目前使用同伴反馈的组合形式有"组间同质、组内异质""高中低组""随机组合"。建议的"异质组"，即把作文水平参差不齐的同学分成一组，是有一定参考价值的，有利于确保小组反馈的效度。第三，合理的分组方式。不合理的分组形式非但不能促进学生实现最近发展区，反而会严重降低学生对同伴反馈这一模式的认可度。必须在反馈活动开展前全面了解学生现有的语言水平尤其是写作水平，再根据混合原则进行分组，确保每个组的成员数量合理（3－5 人），且都包含高、中、低水平者，这样有利于实施"自上而下的评析"和"自下而上的欣赏"的"'i ＋ 1'的逐级同伴反馈模式"。小组成员应经常按"混合原则"进行更换，以便让学生接触更多同伴的作品，接收更多同伴的反馈，通过与不同同伴的交互活动提高写作能力。

（二）多人评一或者多重互评

多个同伴参与可以减少偏见带来的风险，同时也有更多的反馈信息源。而且小组成员可以是自愿组合，也可以随机配对。有的研究者将不同水平的学生放在同一组内，作文互评中，应该考虑多重互评。Cho et al.(2006)认为,多个学生给出的反馈意见可能要比单个专家给出的建议更加有效。在 Min(2006)的研究中,每个学生需要评价最少两篇文章。而在 Cho et al.(2006)的研究中,评价都是来自多个学生的。这样做是有好处的,因为如果有些问题被多个同学同时指出,那么这些问题被改正的可能性就会大很多。白丽茹(2011)也提出采用多人、多次匿名的方式进行评阅反馈,以使反馈效果更加客观、有效。

(三)机辅反馈

尽量用机辅反馈。中国的大学英语普遍班容较大,不少院校的专业英语班容超过 50 人,这不利于教师对同伴反馈活动的监督和控制。如前所述,口头反馈费时,而且受面子问题的影响较大,往往削弱了同伴反馈的效果;书面反馈时常引起误解和误会。机辅反馈很好地结合了口头反馈和书面反馈的优点而避免了二者的缺点。条件成熟的院校应将机辅反馈作为同伴反馈的首选手段。基于网络平台的英语写作同伴反馈教学中,学生以"作者"和"读者"的双重角色参与学习,学生之间的反馈是基础,在评价同伴作品的同时也反思自己的学习,从反馈和反馈者那里得到启发,在修改和表达中发现问题和解决问题,学生不再被动地依赖教师反馈来评价自己的文章,而教师在其中起到引导、监督指导和总结的作用,及时发现学生反馈中的不足,进一步促进学生的思考和理解。网络平台作为一种技术手段被整合到教学中来,为学生提供了丰富的教学资源,同时也记录了学生的学习过程。平台、学生、教师三要素之间充分而有效的信息交互是教学活动的核心所在,也是教学取得成功的保证。

(四)同伴反馈培训

同伴反馈光靠学生们的合作还不够,Kamimura(2006)指出,学生还需要以更批判的眼光看待问题,才可以满足作文互评的需要。因此,教师的引导显得尤其重要。Min(2006)在其研究中提到 Stanley 的研究,他发现经过教师指导的学生能给出更多建设性的修改意见,意见的种类也更加多样。对修改过的草稿进行分析后发现,经过教师指导的学生的文章中有更多地方参考了同学们给出的反馈意见,而那些没有经过指导的学生在给出建议和接受建议方面就有所欠缺。

邓鹏鸣、岑粤(2010)建议,同伴培训应当重点介绍同伴反馈的基本理念及益处,强调共同参与、共同协商、客观给予优缺点的评价、相互学习和借鉴的反馈原则;向学生提具体建议,如应当怎样对写作稿进行讨论和协商,如何就内容、结构、语言表达做出口头和书面反馈;拟出易于操作的互评标准细则,涉及如长度、内容、结构、语法规范、长处、不足等的点评。学生经过培训和多次反馈磨合后,会增加互相之间的信任感,摆脱对教师的过多依赖,对同伴反馈的标准和步骤做到心中有数。为进一步确保同伴反馈质量,有些学者建议将高质量和有效的反馈纳入平时成绩或在作文质量中给予适当的分数。这样可以促使学生仔细考虑评估标准和书面反馈意见,尽量避免同伴反馈时,有些学生态度懒散、随心所欲地给予不忠实评价、闲聊等不负责任的状况出现。通过培训,解释同伴反馈的实质与目的,尽量消除学生尤其是低水平者对反馈的顾虑,提高学生尤其是高水平者对同伴反馈的信任度,对反馈的方法和步骤进行指导,扫除评改技术上的障碍,对有效评改有很大帮助。

二、被评阅者的优化策略

(一)促进互动模式的合作性

很显然,学习者的语言水平影响反馈的质量和数量。前面我们谈论过 Leeser(2004)的研究。在她的研究中 10 名西班牙二语学习者被分配到三种不同类型的小组中,即高高组、高低组和低低组。小组完成的任务是合作听写,研究发现语言水平对反馈产生的语言相关事件(LREs)有很大的影响:高高组 LREs 数量最多,接下来是高低组、低低组。语言水平也影响反馈的焦点,高高组主要聚焦于语法形式,低低组主要聚焦于词汇形式。虽然所有小组对大多数的 LREs 进行了采纳,但是低低组未成功解决的 LREs 数量最大,因此,Leeser 指出,低低水平的互动小组效果不佳。基于 Leeser 的研究,一些研究者不仅调查了小组成员的语言水平对反馈的影响,还调查了小组成员互动的关系。Waranable & Swain(2007)实证调查了四个英语作为二语的学习者在和比自己更高和更低的二语水平者相互沟通过程中出现的语言相关事件的异同。研究还分析了两者间形成的关系,发现学习者在相互协作情况下比在其他形式学习中产出更多语言相关事件,这表明互动模式比学习者的二语水平更重要。Kamimura(2006)也指出,同学间反馈是否能有实质性的效果取决于学生在评价中互动的本质(nature of interaction)。如果学生以合作的态度来进行作文互评,那么他们更易于接受同学给出的反馈意见,进而做出相应的修改。Villamil & Guerrero(1998)的研究也发现,ESL 学生在进行合作性较好的作文互评后,后面的文章的草稿改写就广泛参考了各自作文互评中给出的修改建议。基于上述调查结果,教师在同伴反馈前应充分调动学生的积极性,提高同伴反馈的意识;在小组安排时充分尊重学生的意见,构建良好的小组写作氛围,努力为学生间的积极合作创造条件。

(二)评阅者的建议清晰明确,或笔头评阅后口头讨论

学生故意回避或忽视同伴反馈是造成同伴反馈不被采用的一个原因。出现这种现象是因为他们觉得同伴没有理解自己在文中表达的意思,或者同伴的某些评语不能让他们信服。针对这一现象,教师可以鼓励学生在反馈时就存在的问题或不理解的观点,相互积极沟通与进行意义协商,直到获得双方的一致认同,避免消极

的回避。Min（2005）针对反馈者如何提供具体清晰的意见进行了阐述,该研究从四个方面对学生的互评进行培训:明确作者意图、发现问题、解释问题本质并提出具体的修改意见。实验结果表明,学生通过培训提高了互评的技巧,增强了信心,语言习得和元认知策略的运用也获得了提高。调查显示,所有的评阅者对这四个步骤的培训都持肯定态度。他们指出,虽然培训需要大量的时间和精力,但是培训帮助他们成为更有效的评阅者。他们在技术方面、语言习得、自我监控及树立信心方面都有很大提高。

（三）提高信任度

第一,让学生意识到同伴互评的重要性,提高学生对同伴的信任度。无论是作文评改的经验方面,还是对目标语言的熟练程度,教师都优于学生,这是无可争辩的客观事实。学生一定程度上倾向于信任、欢迎教师评价,这也属正常。不可能也没必要设法消除学生对教师反馈的依赖、偏爱和期盼。研究者需要做的是提高学生对自己反馈他人文本的信心和对同伴反馈能力的信任度。这需要教师在实际教学过程中不断地向学生展示成功的同伴反馈实例,让学生真切地看到同伴反馈的实例。这样才能逐渐改善学生对同伴反馈的认可,进而提高采纳比例。

第二,评阅者的语言水平高于自己。Cho et al.（2006）指出,新手往往只接受较高水平者给出的反馈,如果是跟他们水平相当者或比他们水平低者,他们就会产生怀疑。面对高水平的同伴给出的意见,新手能够心悦诚服地接受,而对于同伴或比自己低水平的同伴建议,他们很可能不接纳或采取不屑的态度。

第三,当评阅者的语言水平不高于自己时采取匿名评阅方式。反馈源语言水平的公开与否会影响同伴反馈意见的采纳。在冯美娜（2015）的研究中,低评高组和低评低组都是低水平学习者提供反馈,但在采纳结果方面,并没有因为评阅者的语言水平低而受到影响。高歌的调查发现,在非匿名情况下,组4低水平小组同伴反馈的采纳率仅有 40％,且大多低水平组学生对同伴反馈持消极态度。

许悦婷(2010)通过隐匿反馈来源,调查了匿名反馈中教师和同伴反馈的使用情况、特点以及采用反馈的动机与策略。由于反馈来源被隐匿,因此学生在采纳反馈时主要依靠自己的判断,由此可以判断教师反馈和同伴反馈的真实采用情况。结果发现,同伴反馈和教师反馈一样能够被学生接受和采用,两种反馈采用程度相当。这说明匿名反馈设计使学生在采纳反馈时能主要考虑反馈意见本身是否有利于自己改进写作,而不受反馈来源这一偏见因素的影响。匿名反馈不但保证了学生能够按照自己的意愿使用反馈,也保证了学生在提供反馈时能够更真实地表达自己的意见。

第六章　教师在同伴反馈中的职责

　　在实际教学过程中,有些教师可能会对进行同伴互评活动感到犹豫。可能的原因很多,比如因为他们以前课堂上不太成功的同伴反馈经历,或者他们担心同伴反馈的有效性,或者担心同伴反馈会占用太多的课堂时间,等等。事实上,目的清晰及准备充分的同伴反馈活动是一项师生双赢的活动。教师和学生会获得很多额外的收获,但成功的同伴反馈活动的前提是教师反馈前的充分准备及对学生的培训等。本章具体介绍教师在反馈前、反馈中及反馈后的职责。

第一节　同伴反馈前的职责

　　教师在同伴反馈的过程中要及时转换自身角色,确保整个反馈过程的公平顺利进行。在同伴反馈进行前,教师要充分扮演领导者和指导者的角色,对同伴反馈活动进行充分的设计,对可能存在的问题进行预测并寻找解决的办法,对学生全面了解设计合理的分组方式等,下面将介绍同伴反馈前需注意的具体方面。

一、让学生意识到同伴反馈的重要性及优越性

同伴反馈是一种非正式的教学模式，它提供了一个轻松自然、灵活互动的写作环境，有利于发挥学生个人的潜能。学生可通过与同伴的相互合作，学会解决在其所处的发展现阶段还不能独立解决的问题，并在信息交互中掌握知识，增强学习兴趣。同学之间通过提供帮助而满足了自己影响别人的需要，又通过互相关心而满足了归属的需要。在班级环境中，二语学习者进行的互动活动，对语言知识和交际能力的发展至关重要。一般认为，学习者写作技能的提高和发展可以通过同伴之间的相互帮助来实现。同伴互评能为学生检测和修正二语语言假设提供重要机会，为学生提供更多的语言输入和输出练习，因此有利于学生语言知识的习得和能力的发展。此外，在某些方面，同伴反馈优于教师反馈。在单向的教师反馈中，由于教师的权威性，学生即使对教师的评价或修改有不理解或不赞同之处，也往往不假思索地全盘被动接受；而同伴反馈是一种双向的交流和互动，对于从同伴那里获得的反馈，学生可以提出质疑或反对意见，具有保留权和争辩权。相较于教师反馈，大多数同伴反馈活动能让他们的"学习体验更放松"。

因此，同伴反馈在培养学生的读者意识、帮助学生认识自己写作的长处和短处、促进学生共同学习以及提高学生对自己所写文章的作者意识方面具有极大优势。通过与同伴的交互、协商和合作，学生能够在写作中扮演积极的角色，增强学习的自主性。

二、对学生进行动机激励

相关调查发现，很多学生并不认为自己及同伴是有效的评价者，对同伴是否具有纠错的能力持怀疑态度。学生更喜欢阅读同伴的作文和同伴的评语，而不是特别喜欢给同伴写评语。出现这

种现象的原因大体是因为学生对自己的评价能力感到不自信，另一个原因是有些同学有懒惰思想，缺乏责任意识。因为有些同学不能针对文章中存在的问题提出具体建议，以帮助同学修改，所以同伴反馈中时常出现漏改或反馈有误的情况。针对以上情况，教师在同伴反馈前要对学习者做好充分的动机激励。教师应向学生讲明同伴反馈的优势，减轻学生的焦虑感，让学生从心理上认可它、接受它，以自信积极的态度评价同伴的文章。Moore（1986）在进行同伴反馈时，通过直接导入语言学习活动的价值来明确学习目标，达到动机激励的目的。她用这样四句话开宗明义：①你们能评价彼此的文章；②你有责任给予并接受评价；③别忘记给出正面评价；④评价别人的作品对你是有帮助的——你能学会更好地评价自己的作品。教师要与学生进行良好的沟通，让他们了解到同伴反馈在英语写作中是教师反馈所不能取代的。

三、向学生灌输正确的态度

学习者的态度会直接影响语言习得的程度，而写作反馈的有效性很大程度上在于学习者是否真正思考过这些反馈。学生更要明白这方面的道理，要认真对待每一次写作反馈。因此，对于每次写作中的反馈，无论是老师给予的还是同伴给予的，都应该认真仔细地思考。这不仅是尊重别人的劳动成果，也是减少自身作文错误和提高写作能力的一个快捷、有效的途径。也就是说，对于得到的肯定反馈和否定反馈都应认真、正确对待。英语写作水平较高的学生获得的肯定性写作反馈相对会多些。对于这种情况，作为学生，在感受喜悦的同时不应该骄傲自满，要看到自己作文中还存在缺点，要及时加以修改。而英语写作水平较差的学生对于获得的肯定性反馈要加以珍惜，要意识到这是老师或同学对作文的认可，同时要相信自己通过训练能把作文写好。对于否定性的反馈，无论英语写作水平高还是低的学生都要有一个正确的心态，要认真地修改作文中的错误,避免以后再犯同样的错误,在不断修改的过程中锻炼和提高写作能力。与此同时,我国学生受集体主义文化的影响,在小组活动中的首要目标是保持和谐,为了维护彼此的"面子",学生不愿对同伴的作文提供修改意见。这更要求教师在组织实施同伴反馈时,打消学生的顾虑,转变学生的态度,让学生认识到指出同伴作文中的问题和错误对双方都是有利的。总之,教师要进行有针对性的互评培训,制定易于操作的互评细则及标准,确立激励的互评理念与灵活的互评机制。

四、设计同伴反馈活动在写作过程中的实施阶段

教师要在同伴反馈前进行充分的设计,明确同伴反馈活动在写作过程中的实施阶段,写作过程中的任何阶段都可以安排同伴反馈活动。写作之前,写作题目确定时可开展同伴反馈活动,教师可以安排学生进行头脑风暴,让学生商讨提供各种相关题目,然后教师鼓励学生之间相互讨论这些题目,如题目的切题程度、题目的重要性、题目撰写的难易程度以及资料寻找的相关问题。这会帮助学生决定哪个题目更适合,在讨论的过程中也能产生更多的信息。如果题目已经确定好,在写作提纲的撰写阶段开始实施同伴互评活动,同伴之间可以对提纲进行阅读和反馈,这样能使学生更加聚焦于文章结构、把握文章总体方向而避免文章写好后过度关注细节、语言语法等问题。或者选择对作文的一部分进行撰写和反馈(如撰写一篇范文的结尾段,然后进行反馈,最后提供参考范文等)。同时,同伴互评也可以融入整个写作过程,这能增进学生对后期写作文本的理解,有益于他们的相互协商及意见的互相采纳。如果受课堂时间限制,教师可以选择写作过程中其中一个阶段进行同伴反馈活动。同时,教师还应提前设计好学生改写的次数及时间,通常是 2—3 次,如果次数太多,学生会感到枯燥、厌烦。

五、明确写作过程中何时融入教师的评论

由于教师是评改的权威，因此与同伴反馈相比，学生会更关注教师的评论，所以教师的评阅最好不要和学生同时进行，两者最好也不要评论同一稿。比较有效的做法是学生评阅初稿，教师评阅修改稿。写作课的一个重要目标是使学生成为自主的写作者，学生应有权利保留其文本的某些方面，有机会自主决定采纳哪些建议，拒绝哪些建议，然后说出为什么他们这样决定。教师不介入或少介入。在实施同伴反馈的过程中，教师只需扮演培训者、组织者和管理者的角色，尽量不要介入同伴反馈的活动，尤其不宜对反馈者或反馈点做任何评价。因为教师权威不可能消除，教师如果介入，尤其是指出反馈活动中的不足的话，将大大降低写作者对反馈者的信任度，严重损害反馈者的自信心和自尊心，这无异于是给反馈活动当头一棒。Hansen 和 Liu（2005）指出，如果教师和学生对同一稿给出反馈，学生会更重视教师的反馈。因此，教师反馈虽是必不可少，但应在同伴反馈之后进行。

六、引导学生交流以前同伴互评或小组活动的经历

教师的观察和相关调查表明，学习者一直不愿意共同完成写作（Peretz 2005），且老师也不愿意实施此类活动，尤其是在英语作为外语的情况下（McMonough 2004）。学生不愿意参与同伴互评可能与他们此前的团队活动有关。Watanabe（2008）的研究指出，学生对于协同活动的态度在很大程度上受他们实际合作经历的影响。Watanabe 发现，如果学生曾参与合作性的结对，他们就会对协作活动抱积极态度。相反，如果他们的结对谈不上合作性，他们就会对协作活动抱消极态度。

教师应该引导学生反思他们以前的同伴互评或小组活动的经历，无论是作为阅读者还是评阅者。教师需了解他们对同伴反馈

及小组活动的态度及关注。部分学生可能在以前的同伴反馈过程中有着不愉快的经历,比如认为同伴反馈耗时无效,同学的建议有时带有讽刺性、诋毁性,从而被打击写作的自信心。当教师发现问题后,一定要积极引导解决问题。教师需决定这一过程的实施方式,比如教师学生小组讨论的方式,或者教师学生会议的方式。这些问题应该引起我们的高度重视,一方面要向学生介绍同伴反馈的意义,使他们认识到同伴反馈的价值所在,并在思想上接纳和认可这一评价方式。另一方面,要摒弃传统的以教师为中心的观念,与同伴建立起相互支持与信任、彼此协同与合作的良好人际关系,为创造一个轻松和谐的同伴反馈氛围奠定基础。

七、营造轻松的互评氛围,建立同伴间的信任

Boud(2000)建议营造这样一种课堂氛围:把给予和接受同伴反馈作为教学的正常部分。学生参与同伴反馈过程越频繁,就越有可能发展必备的专业知识来做出准确的判断。为了消除学生对同伴反馈的怀疑态度,教师可以向学生解释清楚同伴反馈的好处以及它在写作过程中的作用。Orsmond,Merry & Reiling(2000)认为,在友好合作的气氛中进行同伴反馈能提高学生的批判思维能力,从而使其学得更好。随着时间的推移,经验的增加,学生最初碰到的困难和不愿意参与同伴反馈这样的问题就可以克服。由于同伴反馈会给学生带来潜在的风险(丧失隐私权,丢面子,尴尬甚至蒙羞),因此只有和学生讨论并让他接受同伴反馈的原理,创造一种积极和可信赖的同伴关系并营造一个合作的学习氛围,才能使同伴反馈的实施达到最好的效果(Liu & Carless 2006)。

八、灵活选择反馈的模式

教师们在同伴反馈过程中可以灵活选择各种形式的反馈。对同伴反馈的相关实证研究进行整理分析发现,不同的同伴反馈形

式各有自己独特的优势。口头反馈(读文本后口头给出建议)、口头同伴反馈(面对面)是双向的、动态的,又是真实的、具体的,有利于双方更好地交流,有利于更好地理解对方的写作内容,对存在的问题、误解及时澄清,为学生提供更多的意义协商机会,但口头反馈也存在弊端,比如有的学生可能在同伴反馈中转移话题,谈论一些和写作无关的事情。

虽然大多数同伴反馈是口头反馈,但是书面反馈也有其独特的优点。它能给予读者和评阅者更多的时间进行合作、思考和反思,可以避免把时间浪费在不重要的问题上,减少同伴之间不必要的摩擦,或者消极方面的互动,而且能提供给写作者事后考虑的书面记录。它能在写作练习中不断提高学生提供清晰、具体、有说服力建议的能力,并令学生考虑读者的感受。对教师而言,这也是追踪同伴反馈效果的途径之一,教师可以更好地监控小组的反馈成果,无论是反馈方还是被反馈方。教师可以据此了解学生在反馈过程中哪一方面重视得不够,哪一方面有改进的余地。同时书面反馈也可以是匿名的。匿名书面同伴反馈中,学生消除了损害同伴"面子"的顾虑,可以带着批判性的眼光专注于同伴的作文,可以消除对口头同伴反馈的不信任和对教师反馈依赖的心理状态,认真考虑反馈意见的正确性。

同时,也可以采取不同形式结合的方式,如笔头加口头反馈(读文本后写出评论然后口头交流评论)、计算机辅助反馈(在线阅读文本然后匿名或非匿名给予反馈)。很多教师开始尝试计算机辅助反馈,不过在计算机反馈中学生可能花费时间较长,因此可以在课后进行。教师也可为学生提供可参考的语料库,为学生在语言方面提供更有针对性的建议。

九、准备同伴反馈评阅表

根据反馈的不同目的,同伴反馈评阅表的内容也不尽相同。

如反馈的焦点可以是内容、组织及词汇选择等。如果班级能根据反馈的焦点自己建立反馈评阅表，不失为一个有效的途径。比如，本次反馈的焦点是内容和结构，教师可安排学生进行头脑风暴，如说出他们认为重要的标准，或者自己在写作过程中存在的问题。也可以让学生设计出评分等级，下面的表格是一个参考：

分数＼类型	内容			组织		语法、词汇
	主题陈述	解决办法	结论	组织	衔接词	
4	清楚地提出了需要阐述的问题	三个相关的解决办法，论证充分	重申问题，有效地总结了结论	逻辑性强	衔接充分适当	没有或者存在少许错误，但不影响理解
3	需要进一步准确地指出阐述的问题	三个相关的论点，但是需要进一步增强	重申问题及结论，比较紧扣主题	组织需要稍微调整	适当增加或减少衔接词	小的错误偶尔影响理解
2	没有清楚地指出阐述的问题	三个论点不是很相关，需要更多的论据	没有清晰地重述问题或者没有总结结果	逻辑性不强，需要进行大的修改	衔接词不充分，不适当	存在一些大的问题影响理解
1	没有清楚地提出问题	论据不足	没有清楚的结论	不清楚，论文很难读懂	缺少衔接词	存在较大的问题，严重影响理解

十、示范如何进行同伴评阅

示范可以采用以下步骤进行：①根据写作的目的、文章的体裁，制定同伴批改检查表。教师和学生可以共同制定一份适合所给作文题目的检查表，检查表的重点应和评分标准一致，以便引导学生有目的、有计划地完成对文章的批改。②教师用投影向学生展示一篇作文，对照检查表，师生共同分析、讨论文章的优势和不足。从内容的全面性、结构的合理性到词汇和语法的准确性,提出详细的建议。③再给出一篇作文,让学生分组讨论,结合检查表,给出修改建议。④最后全班讨论哪一种修改建议更好,既能保留原文的特色(如作者的观点等),又能改正其中的不足。

十一、给予学生充分的时间,用以熟悉同伴反馈的程序

充分重视同伴反馈实施前的培训工作,确保教师和学生深刻领会和熟练掌握同伴反馈的核心思想和操作流程,保证同伴反馈的顺利进行。这里所说的培训,不仅包括师生对同伴反馈实施流程的了解和熟悉,还包括教师对写作课堂的整体布局和构思、写作体裁、写作目的及写作材料的设计等准备工作,以及学生对评改作文的原则、方法、步骤及标准等方面的训练。

十二、有时让学生决定如何分组,如何分配组内任务

在训练中要合理分组。在分组的过程中,教师需要注意的是应避免以一些很严格或很随便的规则来规定小组成员。教师需要根据学生的不同语言水平、能力和性格等来决定如何分组。同时教师还需考虑小组的规模,通常是 3 个人或者 4 个人,太大的小组是比较低效的。如果在分组过程中,学生提出了自己的想法,教师应充分考虑学生的建议。只有尊重学生的需求,学生之间才会建立一种亲切感,并更加默契地合作。

十三、指导学生如何礼貌地提出建议

覃成强(2007)认为,在进行同伴反馈培训时,考虑到开始的时候学生独立进行同伴反馈可能会有困难,可以让全班同学一起来做同伴反馈。同时,教师应该向学生提供一些同伴反馈常用的词汇和句子表达的例子,以便让学生懂得怎样用恰当、礼貌的语言进行同伴反馈。尤其在开展口头同伴反馈活动时,教师要保证学生

能熟练运用口头互动技巧。例如：如何提出质疑、询问、讨论；怎样达成一致意见；怎样在不伤害对方"面子"的前提下，提出建议和给予批评。

十四、引导学生提具体有意义的问题，而不是宏观评判

合理设计评改清单，突出评改重点。评改清单就是针对习作在内容、结构和形式等方面，在同伴反馈前针对重点考查的方面所列的一张清单。评改清单应着力于学生的理解和分析，在设计问题时应能引起学生对细节和整体的细微关注。同伴互评清单的内容宜采用特殊疑问句的形式，迫使学生对每个问题进行一番思考，而且操作要简单易行。同时，教师要制定明确且易于操作的作文评改清单，保证学生熟悉反馈流程，通过范文详细讲解反馈中如何给出恰当的评语（如不能仅仅用"好""不好"或"对""错"指出作文的优缺点，而是应该从内容、写作观点、逻辑性等方面给出具体的批改意见）以及错误标记方法，最好能够统一标记，便于学生之间相互识别等。这样的设计可以兼顾学习者写作和理解方面的技能差异，也能调动学生参与同伴互评的积极性。比如在内容方面可以参考以下几点：①通读文章，判断文章的内容是否切题，把不是很切题的段落或句子用直线画出，并说明原因；②在横线上写下本文作者的论证理由（每段的主题句），是否有的段落无主题句；③你对文章内容和结构改进方面有什么建议（比如论证理由不充分，论证理由不具体，文章没有结论等），请具体写出改进的建议。在语言语法规范方面的建议：①请用括号标出文章表达不清楚的句子，或者表达不地道的句子，并在旁边提出修改建议；②文章句子之间是否衔接自然，是否连贯，把需要改善的地方改好（比如应该用连接词 meanwhile, moreover, however, what's more, otherwise 等连接）；③请把有语法错误的地方改正过来，在文章中直接修改（如主谓不一致、谓语叠加、时态错误、搭配错误、拼写错误、标点符号

错误等）。

十五、建立一个模拟的同伴反馈活动

在模拟活动过程中，学生可以练习相互询问交流的方式，熟悉如何礼貌地提出问题，如何清晰地澄清问题等。

第二节　同伴反馈中的职责

让同伴进行反馈，并不意味着教师对学生放任自流，教师一定要在学生反馈过程中做好监控工作。同伴反馈实施过程中，教师应根据实际情况在指导者和协作者的角色中不断转化，确保学生互评过程的公正、客观和真实。下面针对反馈中需要注意的地方提出几点建议。

一、鼓励学生适当进行积极正面的反馈

反馈不管是从内涵还是操作上都不应仅仅停留在消极或否定的层面上。反馈从本体上讲是"信息返回"（夏征农 2003），是提供关于对方的行为所产生的效果的信息（王宗炎 1990）。这种信息应当包含而且必须包含积极的或正面的信息，而正是这些信息使作者有写的欲望（Ferris 1995；Bartels 2003；Tao 2004）。如果只关注错误和修改，那么作者就会瞻前顾后，感到沮丧和失望，失去写作的欲望和信心（Zamel 1987）。提供负面或消极的反馈是给同伴以压力，压力对一个人是有好处的，但如果处处是压力或者压力过大就会起反作用；正面或积极的反馈则从心理上给同伴以巨大的鼓舞和继续写作的动力。在具体操作时，可以采用量化的手段，例如对于一篇等待反馈的作文，不管它存在多少形式上的问

题，必须首先要求反馈者从读者与作者交流的角度，在接纳意义表达的前提下，对作文的内容进行肯定性评价，如"这个观点很好"或"我同意这个看法"（Keh 1990）。在形式上，除了反馈那些应该修改的不足之处外，还可要求反馈者指出作文中一定量（3 个或 5 个）的闪光点，并且要说明为什么欣赏这些闪光点（龚晓斌 2007）。这样既可以加深双方对于优美语言的印象，也可以给作者更强的写作动机。同时，不要忘记适时地鼓励："只要你坚持下去，你一定会成功的。"在论及教学策略时，Yule（2000）的意见对我们有很大的启示：一个鼓励成功与成就的语言学习环境比关注错误与改正的环境对学生来说更有帮助。

二、深入研究反馈语境

在实施同伴反馈的研究中，应系统、全面地描述和记录反馈所使用的语境，并深入研究语境因素对同伴反馈的实际作用，以及对学生写作能力提高的长远影响。这里提到的语境，包括真实课堂教学环境，网络交际环境，教师反馈对学生的影响，教师与学生的关系，学生与学生的关系，个人、社会和文化因素对教师评语及学生评改的影响，等等。同伴反馈的过程既是学生对所学语言知识检验、提高和巩固的过程，也是对学生心理素质考验和锻炼的过程。只有在真实的语言环境下，同伴反馈的利弊才能全面地展现，教师才能及时进行有针对性的引导和帮助，确保语言学习目的的实现。

三、监控学生和小组的进展情况

教师需要把控好课堂上同伴反馈的时间，如果时间过于仓促，会导致学生对同伴反馈敷衍了事，达不到反馈的理想效果。如果在反馈中出现问题，教师应该进行解决并及时指导。活动过程中，教师要认真组织与监控，这在口头的同伴反馈的过程中显得尤为重要。教师要观察学生的讨论、修改过程,并从学生反映的问题中得到反馈,了解学生的薄弱环节,为后期有目的、有针对性地进行辅导奠定基础;若不进行有效监控,学生很容易转移话题,谈论与反馈无关的事情,影响反馈效果。在课堂教学中,教师要充当好组织者、管理者、指导者的角色,不能让同伴反馈流于形式,甚至只有一部分同学参与,另外一部分同学只是旁观者。这样不仅浪费了相互学习的宝贵时间和机会,更严重的是,时间久了,这些同学会觉得自己是局外人,对于英语写作会产生抵触心理。这就要求一方面,英语教师调动学生学习的积极性,建立起共同的学习群体,小组成员之间为完成共同的目标,形成相互促进的关系。这有利于学习目标的达成,从而促进学生合作学习,共同进步。另一方面,教师要想办法不断完善监督评价机制,不仅对个人要建立长期稳定的评价体系,对学习小组也要建立有效的评价机制,培养学生团队合作的精神。

四、网络反馈中教师的作用

对于在网络环境下进行的同伴反馈,教师虽然在大部分时间只是以观察者的身份参与,但不意味着可以任由学生漫无边际地进行讨论。教师可提供相应的网络资料库,让学生有目的地查找资料,适当控制学生反馈意见提交的频率、数量和质量,并随时跟进学生反馈意见,及时引导学生,使他们免受不良习惯和错误思想的侵害。

第三节　同伴反馈后的职责

在同伴反馈后,教师同样具有重要的职责,为了确保本次反馈效果的最大化及下次反馈的不断完善，教师应在每次反馈操练结束后，以指导者的身份对学生的表现进行及时的评价，并以学习者的身份听取学生提出的有意义的建议以及欣赏其优秀习作。教师角色的不断改变实际上是教师反馈的一种表现形式，对控制课堂教学以及确保教学效果有很好的监督作用。下面针对教师反馈后需要注意的方面提出几点建议。

一、让学生在一张纸上罗列所有的评阅建议，了解他们是否会按照建议修改并询问原因

这项要求对学生来说刚开始可能很难，但是如果教师能够示范或者在课堂上进行，就会有很好的效果。这个活动也能以口头交流的方式进行，这种方法对于刚接触同伴反馈的学习者来说最有效，因为学生可以和教师共同讨论难理解的评论。如果是书面形式，那么问题清单要和修改稿一同上交。这个过程使学生更能融入并理解同伴建议的过程，能更好地讨论同伴的反馈。教师需要批阅学生们填写的同伴互评表，以确保每一位学生都认真地参与同伴互评。教师可以把批阅的结果反馈给学生，以达到巩固强化的目的。教师一定要监督、指导学生认真完成同伴与教师反馈后的修改，把反馈建议落到实处。

二、重组学生对修改稿进行新一轮的反馈

有的时候如果时间允许，为了获得更多的反馈建议，在一组学生进行反馈修改后，教师可以重组学生进行新一轮的反馈，这样既能提高建议的质量，也能使学生学到更多的观点和见解。此外，如果对学生的习作进行打分评估，重组可以提高评分的公正性。

三、反馈后了解学生的评价及感想

教师要经常在同伴反馈结束后通过问卷或访谈了解学生的看

法、顾虑，及时采取改进措施。活动结束后，教师要针对学生的作文进行分析，了解同伴反馈的效果，以便在以后的同伴反馈活动中采取相应措施。同时，对于出现反感情绪的学生，教师要及时与其进行面对面的沟通，化解矛盾。同伴反馈活动贵在坚持，教师不能抱着"试试看"的心态，坚持几周就了事。在整个英语写作教学阶段，随着反馈活动的深入，学生的自信心、专业性都会增强，同伴反馈活动的效果也会越来越显著。

四、及时了解各互评小组活动的动态，组织学生商讨疑义解决方案

同伴反馈后，教师应及时了解反馈建议的特点类型及采纳情况，针对存在的问题提出修改意见或修改的技巧。教师通过阅读互评小组成员的个人评改清单、小组的协作总结报告、学生的个人报告（要求作者写出对收到反馈的情绪和反应以及拒绝某个具体反馈的理由）以及多次改稿的情况，对每个小组的活动情况和结果有一个整体的了解。经过细致的了解之后，教师可以针对学生有疑虑或有分歧的地方与全班学生讨论、协商，最终找到可行的解决办法。只有综合了所有学生的反馈意见和修改情况，才能了解文章存在的问题和值得借鉴之处，也才能有针对性地提出改进反馈者评价水平或学生修改水平的措施。

五、积极引导学生改写并坚持改写

在认真思考同伴和教师反馈建议后，学生要坚持改写作文，把这些建议落到实处，正如 Jeremy（2003）指出的那样，只有学生针对意见进行了修改，反馈过程才算真正完成。过程教学法提倡多稿制，因为改写是提高学生作文质量和学生写作能力的一个有效手段。单稿式的写作方法只强调写作数量，而忽视了教师对写作过程的指导、监控和评价；而由过程法所产生的"多稿法"有利于

提高学生的写作水平。国外关于多稿写作对写作质量影响的研究较多,很多教师鼓励学生对一篇作文进行多稿写作,以此增加表达的流利度和准确性,提高学习者对语言点的敏感性,最终提高学生的写作能力。即使老师没要求对作文改写或重写,学生也应该发挥主观能动性,对反馈后的作文进行修改和重写。

六、同伴反馈后的错误归类与统计

同伴反馈后教师应该对学生作文中反馈意见特点及学生常见的错误进行分析,对修改建议的类型或错误类型的出现率进行统计。这样一方面可以了解同伴反馈的重心与反馈的不足,在以后的反馈中适时调整,另一方面也可以帮助学生着重解决一些常见错误,以便在今后的写作教学中能有的放矢地根据错误率的统计避免自己的常犯错误。Chandler(2003)在 *The efficacy of various kinds of error feedback for improvement in the accuracy and fluency of L2 student writing* 一文中列出了 23 类英语作文常见错误清单:

1. Paragraph:Not indenting with each new speaker in dialogue.

2. Sentence structure:I suggest you to go with me.

3. Meaning unclear:I planned how to divide my cabins in a good way.

4. Awkward:He is the brother of her.

5. Idiom:She asked me to lay the table.

6. Fragment:Because I did not want to go.

7. Run-On:She told me about it,I answered her question,she left.

8. Punctuation:I wanted her to come,because she knew the way.

9. Capitalization：She said Love was very important.

10. Delete：She told to me her answer.

11. Insert：He is listening music.

12. Wrong word：He is becoming to mature.

13. Word order：I and my sister came.

14. Redundant Repetitions：She is a famous and well-known singer.

15. Wrong form：It has stopped to rain.

16. Subject-verb agreement：She have much to do.

17. Verb tense：If I know，I would tell you.

18. Verb voice：When it be happens，we will know.

19. Plural：Two woman came.

20. Article：We saw dog. A dog was named Fido. I like the education.

21. Pronoun：She is a friend of myself.

22. Word division：She is my friend.

23. Spelling：freind.

第七章　同伴反馈研究的展望

同伴反馈这一轻松灵活的反馈模式不仅适用于英语写作课堂,而且也可以应用到其他语言技能课中。本章首先介绍同伴反馈在口语、名著阅读及翻译教学中的应用,然后指出评改反馈的形式多样,不同形式有不同的内容、不同的功效及其相应的实用性。因此,在教学中应采取多种方式灵活融合的模式进行反馈,从而从多方面、多角度对学生作品做出客观、科学的评价。最后本章对网上协同写作进行了介绍。

第一节　同伴反馈在其他技能课中的应用

一、同伴反馈在翻译教学中的应用

欧洲翻译研究学会主席 Gile 早在 1994 年就提出,翻译是一个译者不断修改并逐步提高译文质量的过程,翻译教学者和学习者应当关注翻译过程,而不是仅注重翻译结果本身。此后,Adab(2000)、巴塞罗那自治大学口笔译学院副院长 Fox (2000)以及 Kiraly(2003)等翻译教学和研究者也开始提倡以过程为取向的翻译教学模式,反对在翻译教学中以结果为取向。以 Fox(2000)为例,她详细地探讨了过程教学法的具体实施手段,如鼓励学习者撰写翻译日志和进行同伴互评。事实上,近几年国内也有一批学者开始倡导过程教学法在翻译教学中的应用,其中包括王树槐(2009)、苗菊(2007)、连淑能(2007)、朱玉彬和许钧(2010)等。以苗菊(2007)为例,她认为过程教学法对全面培养学习者的翻译能力非常有利;朱玉彬和许钧(2010)则明确提出,传统的以译品(即翻译结果)为取向的教学模式并不可取,教学者和学习者应关注翻译过程本身,以过程为取向的教学模式有助于培养学习者的自学能力,在实践中内化翻译原理。同伴互评要求学习者评阅同伴译文,并参考同伴的评阅意见修改自己的译文,这无疑会引导学习者关注翻译过程,主动联系所学的翻译理论和翻译策略,将其应用到翻译实践中,最终提高自己的翻译能力。同时,社会建构主义的合作学习理论认为,学习不是孤立的过程,学习者需要在一定的社会群体中习得并内化各类知识(Eggen & Kauchak 2005)。通过给同伴提供反馈意见并与同伴进行讨论,学习者可以取长补短,理解协作的重要性,并逐步学会通过讨论与协商共同建构对知识的理解。从此种意义上而言,倡导同伴互评在翻译教学中的应用,有助于培养学习者的合作学习意识,促进学习者探讨翻译理论和策略在翻译实践中的具体应用,强化其对翻译原理的理解和对翻译技巧的应用。

目前,同伴反馈机制在二语写作教学中已得到广泛应用,然而在翻译教学中的应用并不多见。与此相应,仅有为数不多的研究者关注同伴互评在翻译教学中的应用效果(Kiraly 2000;Goff-Kfouri 2004)。Kiraly(2000)认为,即便学习者没有接受专门的训练,也能为同伴的译文提出有效的反馈,帮助同伴改善译文质量。连淑能(2007)通过观察发现,翻译学习者能够利用同伴反馈提升翻译技巧;同伴反馈有助于增强学生的自主性,减轻教师批改作业的负担。然而,上述研究均不是实证研究,同伴互评在翻译教学中应用效果如何,学习者对互评机制持何种态度,我们都不得而知。

李晓撒等(2013)对南京大学英语专业三年级高级翻译课的一个自然班(共 20 人)进行了为期两个学期的翻译同伴互评实验。该实验得出如下结论:

①高水平学习者的翻译互评行之有效;

②同伴评论的利用率很高,修改后的译文质量有显著提高;

③翻译的方向对同伴互评的效度无明显影响;

④大部分学生对互评机制持积极态度。

陈芳露(2013)也提出,在英语专业翻译教学中可使用同伴互评的方法来提高学生的翻译能力,以此补充传统的教师评阅方法的不足。她以实证研究的方式探讨和分析了同伴互评在英语专业翻译教学中的可行性与有效性。该实验在齐鲁师范学院 2011 级英语专业学生中展开,为期 18 周,61 名学生作为实验对象参与了本次实验。在实验前,首先在实验班的学生中进行了同伴互评翻译译文的培训与指导,之后在英语翻译教学中采用同学分组互相批改同伴的译文,最后重写译文再上交的教学模式;而控制班的学生仍然采用传统的翻译教学模式,即由翻译教师批改译文之后发给学生。

实验结果显示,在英语专业翻译课堂教学中,运用同伴互评这一方法对学生英语翻译能力的提高有积极的影响。实验前后的翻译成绩对比结果显示实验班的学生成绩明显高于控制班。同伴互评可以作为对教师评价的一种补充方式融入英语翻译教学,从而为学生创造学习环境,增强学习效果,也使学生为自己的学习承担更多的责任,减少对教师的依赖,所以学生们对同伴互评的方式持积极肯定的态度。

因此,翻译教学者可以采取以过程为取向的翻译教学模式,将同伴互评引入翻译教学,使其与教师评阅有机结合。这不仅有助于减轻翻译教师批改作业的负担,对翻译学习者也大有裨益,如培养学习者的自主性,增添翻译练习的机会,强化校改意识,深化对翻译原理和策略的理解,提升分析并解决问题的能力,从而最终提高翻译能力。同伴互评这一教学手段在李长栓教授的汉英笔译课中已经使用了 9 年,现对其中一些好的做法总结如下,供翻译教师参考。

首先,在开展同伴互评前,应该向学生进行一定的培训,提高同伴互评的效率。教师可以展示具体做法,比如如何开启 Word 软件中的修订模式,可以在哪些方面提出反馈,如何处理同伴提出的反馈,等等。教师可以把往届学生好的做法和反馈展示给学生。尤其需要向学生指出的是,同伴互评不能成为自己懈怠的理由。学习者首先要发挥自己的能动性,借助电子手段进行查证、分析以充分理解原文的每一个字,并广泛阅读平行文本,提高译文产出质量。同伴互评应该是对学习者自主学习的有益补充,不能代替学习者自己的努力。因此,教师也应该鼓励学生在提出反馈建议时,尽量不要直接给出最终的答案,应该多为同伴指明问题所在或思考方向,达到"授人以鱼不如授人以渔"的效果。这和过程教学法的主张是一致的。

其次,增强学习者的责任意识,将反馈纳入作业打分的考查范围。这一点并不是说反馈多就应该给提出反馈的同学加分,而是通过这样的方法增强审校者的责任感。具体做法是:要求学生在作业的页眉处标明提出反馈的同学(即审校人)的名字,同时提交包含同伴反馈的审校稿;如果教师在批改二稿时发现了重大错误,如明显的语法错误、大段的漏译现象等,可以打开该学生的审校稿,查明是审校没有认真修改还是学生自身没有认真对待反馈。如果是审校人不认真审稿,那么可以适当降低该审校人的作业分数。

再次,要防止学生的抄袭行为。因为在给对方审校的过程中,审校人能看到对方的翻译成果,不排除个别学生会出现审校前不认真翻译,待审校时直接照搬被审校人的译法的现象。发现作业雷同应该及时查明是否为抄袭。

二、同伴反馈在阅读名著中的应用

华东师范大学的陈茂庆、李宏鸿、高惠蓉(2013)探讨了同伴互评在阅读名著中的应用。名著阅读,尤其是西方文学经典的阅读,是英语专业学生提高语言水平、丰富文化知识的重要途径。为了确保阅读的效果,通常要求学生撰写一篇评论文章(基础阶段的学生还没有撰写学术论文的条件),通过小组讨论、课堂演讲,帮助学生深化对名著的理解、提高写作水平(陈茂庆 1999)。教师以指出和修正错误、打分、评语等形式批阅学生的文章。这种方法面临的问题是:

①教师工作量大,批改一次作业要花数周时间,且难以确保学生根据教师的意见修改文章。

②由于学生阅读的名著数目较大,教师未必能精读和铭记每一部名著的故事情节、人物和语言特点。在批阅学生的文章时,可能出现针对性不够强的情况。

基于以上问题,他们选择某高校英语专业二年级的一个班为研究对象。该班有 32 名学生,课程持续 15 周,同伴在语言形式方面的批阅多于内容方面的批阅,同伴互评的正确率较高,而且逐渐提高。同伴互评在一定程度上提高了学生阅读和撰写文章的认真程度。与教师评阅相比,同伴批阅没有明显的劣势,在很多方面弥补了单纯由教师批阅的不足。学生通过互评深化了对名著的理解,拓宽了思路,通过相互启发和督促,提高了写作水平,为在高年级撰写学术论文打下了坚实的基础。同时增进了对彼此的了解,也为未来的职业训练做了一些铺垫。

三、同伴反馈在口语教学中的应用

顾莹(2006)对同伴评估在大学英语口语中的应用进行了研究,具体比较了英语口语能力评估中教师评估和同伴评估的相同相异点,以及中国大学生对于用同伴评估方式评价同伴英语口语水平的态度。研究发现,学生所做出的同伴评估与教师评估的分数很接近,尤其是在评估客观上较好的英语口语陈述或英语角色扮演的活动中,学生的同伴评估与教师评估有着很高的一致性。大多数学生对这一评估方式持肯定支持的态度。大部分学生认为自己已经学习英语这么多年,并且已经是成年人,拥有较成熟的理解和感知能力,因而有责任和义务对同伴的口语水平做出评估。因此,研究认为,同伴口语评估是一种比较有效的促进学生学习积极性,以学习者为中心的评估方式,提供给学生相互学习的机会,能够在中国英语口语课堂中得到应用和推广。

裴月英(2012)通过动态系统理论的特征及假设,用同伴反馈方式探讨了同伴反馈对中国英语专业学生口语的影响。研究的实验对象是来自四川外语学院重庆南方翻译学院英语专业大二年级的学生,共 60 名,他们被分为实验组和控制组。实验组中,在实验前,教师首先给予同伴反馈的培训,列出其评分及反馈的标准;而控制组仍然采取传统的教师反馈进行教学。研究分为前测和后测及其反馈,并且通过 SPSS13.0 进行定性和定量分析。研究结果表明:

①接受同伴反馈的学生比未接受的同学在口语陈述中表现更好。

②同伴反馈能使学生给予同伴正确合适的评价。

③口语表现中语法的正确性、发音的流利性与学生的自信及整体表现呈很强的正相关。

同伴评估已被用于对学生写作、口语能力的评估。用于口语能力评估时，Freeman(1995)指出，为了尽量减少由评估的主观性带来的显著评分差异，学生必须在进行正式同伴评估前接受充分的培训和练习。Patri(2002)发现，同伴的反馈在保证口头陈述能力及同伴评估的信度与效度方面起着重要作用。但大多数研究仍只针对同伴评估的信度与效度。

楼荷英(2005)将自我评估同辈评估运用于学生的口头陈述能力评估中，并通过调查问卷调查学生对实践自我评估同辈评估的看法。两个班同辈评估的平均分与教师评估的平均分比较一致，显示了较高的相关性。这一结果说明由同伴反馈意见与同学小组讨论相结合的同辈评估具有较高的信度。

访谈结果：经过与10名学生进行半开放式(semi-structured)访谈，得到了与调查问卷相似的结果。9名学生肯定了自我评估同辈评估的积极作用。1名学生认为，虽然实践评估有积极作用，但有点费时。把学生谈及的自我评估同辈评估的积极作用归纳起来主要有以下几点：

①自我监控、自我评估的意识增强；

②体会到了合作学习、相互提高的意义；

③学习自信心增强；

④知己知彼，在了解自己口头陈述能力的同时，也清楚其他同学的水平，并找到了差距；

⑤清楚今后提高口头陈述能力的途径；

⑥学生课堂教学参与性强，课堂气氛活跃，教学效果好；

⑦此类课堂对学生挑战性强，学生必须注意力高度集中，积极参与。

对英语口头陈述能力进行自我评估同辈评估，学生既独立地对自己的能力进行评价，又通过相互合作，形成反馈意见，从而对其他同学的能力进行评价。因此，自我评估同辈评估使受试学生加强了提高口头陈述的元认知意识，增强了自信心，提高了自我监

控自我评价的能力。通过评估实践,学生的英语口头陈述能力都
有了不同程度的提高。此外,自我评估同辈评估在英语口头陈述
能力评价中的运用是培养和提高学习者自主性的有效途径。

第二节 同伴反馈研究的展望

一、同伴反馈与其他反馈方式的融合

反馈的目的是让学生意识到写作中的不足,进而改进以提高
写作的水平和质量,写作水平和质量的提高与否是衡量反馈效度
的标准。如何在最经济的条件下提高反馈的效度?不少学者就提
高效度的经济性展开探讨,并取得了一定的共识,有以下几种常见
模式:多稿制、反馈组合和反馈媒介。张萍和郭红梅(2007)认为教
师的"间接反馈方式+直接反馈(评语)"可以解决写作中的低效问
题。但是由于目前中国大学的扩招,学生数量的增加,教师反馈有
多大的可行性是个问题,毕竟每个人的时间是有限的。面对此困
境,有的学者提出可以充分利用同伴反馈来提高反馈的经济性。
虽然同伴反馈存在着这样或那样的质疑,但总的来说,同伴反馈是
具有一定有效性的,部分学者的研究结果也证明教师反馈与同伴
反馈互有优势,可以相互补充,二者的反馈组合可以有效地提高反
馈效果。基于此,万静然(2012)提出,"自我评改+同伴评改+教
师间接评改反馈+教师直接评改反馈"的模式可以有效解决反馈
的效度问题。白丽茹(2013)也提出,"同伴互评+教师讲评"的反
馈模式可以提高写作文本质量。

白丽茹(2013)在调查基础英语写作同伴互评反馈模式的可行
性及有效性检验时提出"同伴互评+教师讲评"循环反馈的评改模

式。她指出,这种模式有助于提高学生英语语言知识、语言运用能力以及写作文本质量。研究发现,单纯性(无写作任务测量评价表,未经过专门培训)或一次性(每一写作任务评阅 1 次,每次学生仅评阅 1 份写作文本)同伴互评反馈活动对提高学生英语语言运用能力和写作文本质量作用甚微;而"同伴互评＋教师讲评"循环反馈活动不仅能够提高学生英语语言知识及语言运用能力,而且有助于增强学生写作意识以及写作文本质量。实施"同伴互评＋教师讲评"循环反馈模式必须遵循以下原则:第一,研制科学规范、简便易施的不同英语写作任务测量评价表;第二,重视同伴互评反馈培训,增强学生同伴互评反馈意识;第三,采用多人、多次匿名评阅反馈,以使反馈效果更加客观、有效;第四,实施教师讲评,开展有针对性的干预补救训练。

张慧军(2007)提出"同伴反馈＋教师会谈式反馈＋教师书面反馈"相结合的反馈方式。这三种不同的信息反馈方式中,同伴反馈可以刺激学生能动地发现自己习作中的不足,自觉地接受来自同伴的意见,并对自己的错误进行改正,在此过程中学生的责任感增强了;同时,与同伴一起互评作文时学生没有心理上的压力,在轻松愉快的环境中与同伴交流、协商和学习有利于提高学生的语言综合能力。教师—学生会谈式反馈可以促进教师与学生间的沟通与交流,这样一方面学生能及时领会教师对自己作文的修改意见,另一方面教师也可以了解学生的反馈期待和诉求,这有助于教师做出有效恰当的反馈。除此之外,通过与教师面对面的交流,学生对自己的口语也更有信心了。与前两种信息反馈方式相比,来自教师的积极的书面反馈可以增强学生的写作自信心,对学生的身心发展起着重要的作用。

反馈的效果不但与反馈的质量有关,还与学生的接受度有关。于书林提出可以适度利用母语来提高反馈信息交流的质量,因为他的研究证明母语可以"起到促进沟通、提取记忆信息、控制任务过程等作用"。

就评改反馈的形式而言,教师评改反馈、同伴评改反馈、自我评改反馈及自动评改系统评改反馈等不同形式都有各自的内容、具体的功效及其相应的实用性。在写作教学过程中,既需要教师给出的指导性的反馈,也需要由学生自身检验语言假设完成语言知识构建的自我反馈;既需要轻松双赢的同伴反馈,也需要支持随时自主写作的电子反馈。因此,教学过程中教师应根据教学任务,灵活设计多元结合的反馈模式,使反馈模式能相互补充,相互促进,帮助学生成功地经历循环修改的过程。

应用语言学家 Raimes 认为,写作不是一种单向的行为,而是学生与语言之间、学生与教师之间、学生与学生之间的交互行为。为了使作文评改真正起到其应有的作用,合理的评改方法应满足以下原则:第一,有利于激发学生的写作热情,促使他们积极思考、主动练习;第二,有利于提高学生辨别文章优劣的能力,使他们养成反复修改文章的习惯;第三,能给学生提供尽可能多的练习机会。反馈是写作教学过程的重要环节,有效的反馈能照顾学习者的个体差异,最大限度满足学习者的认知需要,并直接影响学习者的语言习得,促进学习者写作能力的提升(胡茶娟 2014)。因此,在英语写作中采取多种评阅模式和反馈方法的相互结合,优势互补,才是比较客观又行之有效的教学方法。只有多种反馈方式有机结合,才可以从多方面、多角度对学生的作品做出更全面、更客观、更科学的评价。

二、网上协同写作

同伴反馈在某种程度上可以称为协同写作,或者可以延伸为协同写作。过去 20 年中,对以计算机为媒介的交互作用的研究已经非常多样化。Warschauer & Grimes(2007)描述了由最新的计算机为媒介的互动形式,通常指 Web 2.0,包括博客、wikis 和社交网站。这些新的发展为新的互动形式和协作活动提供了机会，其中一项特别的网络技术是 wikis——一种新的协同写作活动形式。wikis 是一类特殊的网站，使用者可以在这些网站上分享自己的文章或对别的文章进行反馈修改，且这些活动会被记录下来。过去，小组成员关于文案的协作处理只能由个人在不同的地方获取反馈，继而汇总反馈；而使用 wikis 时，小组的所有成员都能同时获取到文案最新版本，在其他成员观点的基础上进一步修改加工，这也成为 wikis 的一个主要优点。与传统的面对面结对协同写作不同的是，wikis 中通常是小组写作，且写作过程更长。

wikis 在教育领域越来越被关注，对 wikis 使用的报告也越来越多。普通教育领域大量讨论 wikis 及其使用者：年轻的学习者（Wilkoff 2007），大学生（Elgort，Smith & Toland 2008）及参加培训的教师（Arnold & Ducate 2006；Matthew，Felvegi & Callaway 2009；Wheeler，Yeomans & Wheeler 2008）。如 Matthew 等人研究 wikis 对丰富参加培训的教师对课程内容的理解的潜在作用，是一项大型研究的一部分。学习者的日常登录记录表明了 wikis 通过鼓励他们阅读他人的文章并综合各种信息而帮助他们学习。然而，Wheele & Elgort 的研究都指出了 wikis 上的协作活动可能引起新的作者关系。Wheeler 研究发现，学生乐于在 wikis 空间上分享自己的写作，他们也会抵制自己的稿件被篡改或删除。Elgort et al. 指出 wikis 似乎只是在鼓励供稿和对一些有限的信息进行整合，但几乎没有对这些信息进行评价。

至今对 wikis 在二语学习环境下的使用的研究还很少。大多数已有的研究只是对教师和学生在二语写作课堂中使用 wikis 的经历进行描述。例如 Mak & Coniam（2008）描述了香港英语作为第二外语时，7 年级的学生（11 岁）如何利用 wikis 在 6 个星期的时间里完成一个文本。在对其中四个人组成的小组进行深度研究中，学生的分享起初只是对其他稿件内容的增添（不是必要的衔接）。但随着进程的继续，学生逐渐习惯 wikis 的环境，不仅对文本内容进行增添，也开始修改别人的文本。Mak & Coniam(2008)注意到随着时间的推移，学生个人及学生之间共享数量有了很大的变化，且大多数是对内容的增加，只有少数是改正错误（自己的或同伴的）。Mak & Coniam 把这种对语言精确度的注意缺失归因于香港学生很少关注校对和改正他们的已有工作；另外，学生因为不想让同伴丢面子，不愿意修改同伴的作业。

Kessler(2009)的一次更大规模的研究也发现了学生在 wikis 项目中并未注意语言的使用。该实验于墨西哥进行，被试是 40 名以英语为外语的成年学生。Kessler 的研究没有局限于先前对 wikis 项目实施的描述，而是调查了英语二语学习者在长期(16周)wikis 项目中对于语言准确性的注意。正如 Mak & Coniam(2008)研究中的情形一样，经过对学习者语言相关事件的修正分析，发现大部分修正来自内容和形式方面（字号、字体、颜色等），而非语言构成。对语言构成的修改也往往集中在词汇的选择和拼写方面，而忽视句子中的错误。实际上，被忽视的错误略多于被注意到的错误。尽管学生们被告知要写出不含语法错误的 wikis 文本，但他们似乎经常忽略语法错误，又能随后（在接下来的访谈中）展示出修改这些错误的能力。从与这些学生的访谈中可以发现，出现这些结果的原因之一是，学生明确地认为该协同写作活动的重点在于意义而非语言；另一个原因是他们认为这些错误并不影响对内容的理解。

这些研究的结果表明，在协同写作任务中，互动模式可能会影响学生对语言的注意情况。Tan, Wigglesworth & Storch(2009)的一项研究比较了面对面和以电脑为媒介两种协同写作形式，被试均为澳大利亚一所大学的同样两组中国二语学习者。该研究发现，尽管在面对面模式中，学生在写作中倾向于与其他人互动，但是电脑媒介形式中的互动才是合作型的。也就是说，在电脑媒介模式中,学习者对于写作任务的参与度相同,轮流写句子。然而,他们的参与并不涉及其他学生在协同写作任务中的文本:不在其他学生句子的基础上写句子,也不为他人提供反馈。因此,wikis或其他形式的电脑媒介协同写作任务可能不是集中研究语法精确性的最佳选择。

Kessler & Bikowski(2010)通过对 Kessler 数据(2009)的再次分析,探究了参与者在协同写作过程中对于内容修正(而非语言修正)的实质。研究者指出,协同写作参与者增加、删减并解释其他学生的文本。然而他们同时发现,对于 wikis 文本协同写作的意愿和协同写作的本质也会随时间发生变化。在项目开始的前两周中,参与学生的数量极少,且其参与的形式仅限于对当时文本的全盘删除和替换。而在接下来的数周中,更多学生开始写自己的文本,参与形式发生变化。删除也是稍加修改而非全篇删减,而且出现了许多对其他参与者文本的反馈。这些发现与 Mak & Coniam(2008)的研究发现一致,表明参与并协同完成写作任务的意愿需要时间去培养。但实验结果也表明,也许在较多人数(40个参与者)协同写作项目中,对产出文本的所有权的感知有些难以界定。

wikis 协同写作会鼓励学生参与,也许也会促进对语言使用的注意。但经 wikis 协同写作而产生的文本是高度协作活动的产物,它们不像面对面协作一样能够鼓励学习者使用语言,且这些文本的准确性也比不上面对面合作所产出的文本。跟任何新科技或新方法一样,wikis 写作的使用为老师带来了新的挑战。wikis 协同写作的本质尚不清晰,且如何最好地设计此类协同活动也尚未可知。wikis 项目的长期性可能是一项优势,能使学习者培养信任、增强团队凝聚力,这些似乎都是成功协作的必要条件,因为 wikis 本身有协作性质,学习者会更加接受合作。这对未来二语课堂中的协同写作任务的开展是一个好兆头。

参 考 文 献

［1］ Adams，R. Do second language learners benefit from interacting with each other? ［A］. In Mackey，A.（Ed.）. *Conversational Interaction in Second Language Acquisition：A Series of Empirical Studies* ［C］. Oxford： Oxford University Press，2007：29—51.

［2］ Adams，R.，Nuevo，A. & T. Egi. Explicit and implicit feedback，modified output，and SLA：Does explicit and implicit feedback promote learning and learner-learner interactions? ［J］. *The Modern Language Journal*，2011，95 （s1）：42—63.

［3］ Allaei，S. K. & U. Connor. Exploring the dynamics of cross-cultural collaboration in writing classrooms ［J］. *Writing Instructor*，1990，10：19—28.

［4］ Anson，C. M. Response styles and ways of knowing［A］. In Anson，C. M.（Ed.）. *Writing and Response* ［C］. Urbana： National Council of Teachers of English，1989：332—365.

［5］ Arndt，V. Response to writing：Using feedback to inform the writing process［A］. In Brock，M. N. & L. Walters （Eds.）. *Teaching Composition around the Pacific Rim：*

Politics and Pedagogy [C]. Clevedon: Multilingual Matters Ltd, 1993: 90—116.

[6] Ashwell, T. Patterns of teacher response to student writing in a multiple-draft composition classroom [J]. *Journal of Second Language Writing*, 2000,9(3): 227—257.

[7] Badger, R. & G. White. A process genre approach to teaching writing[J]. *ELT Journal*, 2000,54 (2).

[8] Bell, J. H. Using peer response groups in ESL writing classes[J]. *TESL Canada Journal*, 1991,8: 65—71.

[9] Berg, E. C. Preparing ESL students for peer response[J]. *TESOL Journal*, 1999a, 8: 20—25.

[10] Berg, E. C. The effects of trained peer response on ESL students' revision types and writing quality [J]. *Journal of Second Language Writing*,1999(3):215—241.

[11] Berlin, J. *Rhetoric and Reality: Writing Instruction in American Colleges, 1900—1985* [M]. Carbondale: Southern Illinois University Press, 1987.

[12] Bishop, W. *The Subject Is Writing: Essays by Teachers and Students* [M]. Portsmouth: Boyton/Cook Publishers Inc. , 2003.

[13] Bitchener, J. & U. Knoch. Raising the linguistic accuracy level of advanced L2 writers with written corrective feedback [J]. *Journal of Second Language Writing*, 2010,19: 207—217.

[14] Braine,G. A study of English as a foreign language (EFL) writers on a local-area network (LAN) and in traditional classes [J]. *Computers and Composition*, 2001(18).

[15] Braine, G. From a teacher-centered to a student-centered approach: A study of peer feedback in Hong Kong writing

classes [J]. *Journal of Asian Pacific Communication*, 2003,13: 269—288.

[16] Brown, G. T. L., Irving, S. E., Peterson, E. R. & G. H. F. Hirschfeld. Use of interactiveeinformal assessment practices: New Zealand secondary students' conceptions of assessment [J]. *Learning and Instruction*, 2009, 19: 97—111.

[17] Bruffee, K. *Collaborative Learning: Higher Education, Interdependence and the Authority of Knowledge* [M]. Baltimore: Johns Hopkins University Press, 1993.

[18] Bruffee, K. Collaborative learning: Some practical models [J]. *College English*, 1973, 34: 634—643.

[19] Bruffee, K. The Brooklyn Plan: Attaining intellectual growth through peer-group tutoring [J]. *Liberal Education*, 1978, 64: 447—468.

[20] Bruton, A. & V. Samuda. Learner and teacher roles in the treatment of oral error in group work [J]. *RELC Journal*, 1980,11(2): 49—63.

[21] Burstein, J. & D. Marcu. Developing technology for automated evaluation of discourse structure in student essays [A]. In Shermis, M. D. & J. C. Burstein (Eds.). *Automated Essay Scoring: A Cross-disciplinary Perspective* [C]. Hillsdale: Lawrence Erlbaum,2003.

[22] Burston, J. Computer-mediated feedback in composition correction [J]. *CALICO Journal*, 2001(19).

[23] Carless, D. Differing perceptions in the feedback process [J]. *Studies in Higher Education*, 2006, 31 (2): 219—233.

[24] Carson, J. & G. Nelson. Writing groups: Cross-cultural issues [J]. *Journal of Second Language Writing*, 1994 (3).

[25] Carson, J. & G. Nelson. Chinese students perceptions of ESL peer feedback group interaction [J]. *Journal of Second Language Writing*, 1996(5).

[26] Caulk, N. Comparing teacher and student responses to written work [J]. *TESOL Quarterly*, 1994(28).

[27] Chandler, J. The efficacy of various kinds of error feedback for improvement in the accuracy and fluency of L2 student writing [J]. *Journal of Second Language Writing*, 2003, 12: 267—296.

[28] Chang, W. L. & Y. C. Sun. Scaffolding and web concordancers as support for language learning [J]. *Computer Assisted Language Learning*, 2009(22).

[29] Chaudron, C. The effects of feedback on students' composition revisions[J]. *RELC Journal*, 1984, 15(2): 1—14.

[30] Cho, K. & C. MacArthur. Student revision with peer and expert reviewing[J]. *Learning and Instruction*, 2010, 20 (4): 328—338.

[31] Cho, K., Schunn, C. D. & D. Charney. Commenting on writing: Typology and perceived helpfulness of comments from novice peerreviews and subject matter experts[J]. *Written Communication*, 2006, 23(3):260—294.

[32] Chodorow, M. & J. Burnstein. Beyond essay length: Evaluating e-rater's performance on TOEFL essays [EB/OL]. [2004-05-21]. ftp://ftp. ets. org/pub/toefl/

990112. pdf.

[33] Chou，M. C. How peer negotiations shape revisions [A]. In Katchen，J. & Y. N. Leung (Eds.). *The Proceedings of the Seventh International Symposium on English Teaching* [C]. Taipei：The Crane Publishing Co，1999：349—359.

[34] Clifford，J. P. Composing in stages：The effects of a collaborative pedagogy[J]. *Research in the Teaching of English*，1981：15，37—53.

[35] Connor，U. & K. Asenavage. Peer response groups in ESL writing classes：How much impact on revision? [J]. *Journal of Second Language Writing*，1994，3：257—276.

[36] Conrad，S. M. & L. M. Goldstein. ESL student revision after teacher-written comments：Text，contexts and individuals [J]. *Journal of Second Language Writing*，1999 (2).

[37] Cuseo，J. Collaborative & cooperative learning in higher education：A proposed taxonomy [J]. *Cooperative Learning and College Teaching*，1992，2(2).

[38] De Guerrero，M. C. M. & O. S. Villamil. Activating the ZPD：Mutual scaffolding in L2 peer revision[J]. *The Modern Language Journal*，2000，84：51—68.

[39] De Guerrero，M. C. M. & O. S. Villamil. Social-cognitive dimensions of interaction in L2 peer revision[J]. *Modern Language Journal*，1994，78：484—496.

[40] De Keyser，R. Beyond focus on form [A]. In Doughty，C. J. & J. Williams (Eds.). *Focus on Form in Classroom Second Language Acquisition* [C]. Cambridge：Cambridge

University Press,1998.

[41] DiGiovanni,E. & G. Nagaswami. Online peer review: An alternative to face-to-face? [J]. *ELT Journal*, 2001(55).

[42] Donato, R. Collective scaffolding in second language learning [A]. In Lantolf, J. P. & G. Appel (Eds.). *Vygotskian Approaches to Second Language Research* [C]. Norwood: Ablex,1994: 33—56.

[43] Elbow, P. *Writing with Power* [M]. New York: Oxford University Press, 1981.

[44] Eliot,S. & C. Mikulas. The impact of MY Access! Use on student writing performance: A technology overview and four studies[R]. Paper presented at the Annual Meeting of the American Educational Research association. San Diego, 2004.

[45] Ellis, R. A Framework for investigating oral and written corrective feedback [J]. *Studies in Second Language Acquisition*, 2010, 32: 335—349.

[46] Ellis, R. Interpretation tasks for grammar teaching [J]. *TESOL Quarterly*, 1995 (29):87—105.

[47] Ellis, N. C. At the interface: Dynamic interactions of explicit and implicit language knowledge[J]. *Studies in Second Language Acquisition*, 2005, 27(2):305—352.

[48] Faigley, L. & S. Witte. Analyzing revision[J]. *College Composition and Communication*, 1981, 32: 400—415.

[49] Fathman, A. & E. Whalley. Teacher response to student writing: Focus on form versus content [A]. In Kroll, B. (Ed.). *Second Language Writing: Research Insights for the Classroom* [C]. Cambridge: Cambridge University

Press，1990.

[50] Ferris，D. Does error feedback help student writers? New evidence on the short-and long-term effects of written error correction [A]. In Hyland，K. & F. Hyland（Eds.）. *Feedback in Second Language Writing：Contexts and Issues* [C]. Cambridge：Cambridge University Press，2006.

[51] Ferris，D. *Response to Student Writing：Implications for Second Language Students* [M]. Mahwah：Lawrence Erlbaum Associates，2003.

[52] Ferris，D. Second language writing research and written corrective feedback in SLA [J]. *Studies in Second Language Acquisition*，2010，32：181—201.

[53] Ferris，D. Student reactions to teacher response in multiple-draft composition classrooms [J]. *TESOL Quarterly*，1995，29：33—53.

[54] Ferris，D. The influence of teacher commentary on student revision [J]. *TESOL Quarterly*，1997，31(2)：315—339.

[55] Ferris，D. & J. Hedgcock. *Teaching ESL Composition：Purpose Process and Practice（2nd ed.）* [M]. New Jersey：Lawrence Erlbaum Associates，2005.

[56] Flynn，E. Effects of peer critiquing and model analysis on the quality of biology student laboratory reports[R]. Paper presented at the annual meeting of the National Council of Teachers of English. Washington，DC，1982.（ERIC Document Reproduction Service No. ED 234 403）.

[57] Foster，P. & A. S. Ohta. Negotiation for meaning and peer assistance in second language classrooms [J]. *Applied Linguistics*，2005，26(3)：402—430.

[58] Freeman,M. Peer assessment by groups of group work[J]. *Assessment and Evaluation in Higher Educaiton*, 1995 (20): 289—299.

[59] Fujii, A. & A. Mackey. Interactional feedback in learnerlearner interactions in a task-based EFL classroom [J]. *IRAL-International Review of Applied Linguistics in Language Teaching*, 2009, 47(3—4): 267—301.

[60] Gaskell, D. & T. Cobb. Can learners use concordance feedback for writing errors? [J]. *System*, 2004(32).

[61] Gass, S. M. & E. M. Varonis. Incorporated repairs in nonnative discourse[A]. In Eisenstein, M. (Ed.). *The Dynamic Interlanguage* [C]. New York: Platinum Press, 1989: 71—86.

[62] George, D. Writing with peer groups in composition[J]. *College Composition and Communication*, 1984, 35: 320—336.

[63] Gere, A. R. & R. S. Stevens. The language of writing groups: How oral response shapes revision [A]. In Freedman, S. W. (Ed.). *The Acquisition of Written Language: Response and Revision*[A]. Norwood: Ablex, 1985: 85—105.

[64] Gielen, S., Peeters, E., Dochy, F., Onghena, P. & K. Struyven. Improving the effectiveness of peer feedback for learning[J]. *Learning and Instruction*, 2010, 20 (4): 304—315.

[65] Hanrahan, J. & G. Isaacs. Asssessing self and peer assessment: The students' views[J]. *Higher Education Research and Development*, 2001, 20: 53—70.

［66］Hansen, J. & J. Liu. Guiding principles for effective peer response[J]. *ELT Journal*, 2005(59): 31—38.

［67］Hanson, J. G. & J. Liu. *Peer Response in Second Language Writing Classrooms*［M］. Ann Arbor: The University of Michigan Press, 2002.

［68］Harris, M. Teacher/student talk: The collaborative conference［A］. In Hynds, S. & D. Rubin (Eds.). *Perspective on Talk and Learning*［C］. Urbana: National Council of Teachers of English, 1990: 149—161.

［69］Hattie, J. & H. Timperley. The power of feedback［J］. *Review of Educational Research*, 2007, 77: 81—112.

［70］Hedgcock, J. & N. Lefkowitz. Collaborative oral/aural revision in foreign language writing instruction［J］. *Journal of Second Language Writing*, 1992, 1(3): 255—276.

［71］Hirvela, A. Collaborative writing instruction and communities of readers and writers［J］. *TESOL Journal*, 1999, 8 (2).

［72］Hyland, F. ESL writers and feedback: Giving more autonomy to students［J］. *Language Testing Research*, 2000, 4: 33—54.

［73］Hyland, F. The impact of teacher written feedback on individual writers［J］. *Journal of Second Language Writing*, 1998(7).

［74］Hyland, K. *Second Language Writing*［M］. New York: Cambridge University Press, 2003.

［75］Hyland, K. & F. Hyland. *Feedback in Second Language Writing: Contexts and Issues*［M］. Cambridge: Cambridge

University Press,2006.

[76] Jacobs, G. M. , Curtis, A. , Braine, G. & S. Y. Huang. Feedback on student writing: Taking the middle path [J]. *Journal of Second Language Writing*,1998(3): 307—317.

[77] Kali, Y. & M. Ronen. Assessing the assessors: Added value in webbased multi-cycle peer assessment in higher education [J]. *Research and Practice in Technology Enhanced Learning*, 2008, 3: 3—32.

[78] Kamimura, T. Effects of peer feedback on EFL student writers at different levels of English proficiency: A Japanese contexts[J]. *TESL Canada Journal*, 2006 (2): 12—39.

[79] Keh, C. L. Feedback in the writing process: A model and methods for implementation[J]. *ELT Journal*, 1990, 44: 294—304.

[80] Kern, R. & M. Warschauer. Introduction [A]. In Warschauer, M. & R. Kern (Eds.). *Network-based Language Teaching: Concepts and Practice* [C]. Cambridge: Cambridge University Press, 2000.

[81] Kim, Y. The contribution of collaborative and individual tasks to the acquisition of L2 vocabulary[J]. *Modern Language Journal*, 2008, 92: 114—130.

[82] Kluger, A. N. & A. DeNisi. The effects of feedback interventions on performance: A historical review, a meta-analysis, and a preliminary feedback intervention theory [J]. *Psychological Bulletin*, 1996, 119: 254—284.

[83] Krashen, D. *The Input Hypothesis* [M]. New York: Longman, 1985.

[84] Krashen, S. *Principles and Practice in Second Language Learning and Acquisition*[M]. Oxford: Pergamon, 1982.

[85] Krashen, S. *Principles and Practice in Second Language Acquisition* [M]. Englewood Cliffs: Prentice Hall, 1982.

[86] Krishnamurthy, S. *A Demonstration of the Futility of Using Microsoft Word's Spelling and Grammar Check* [EB/OL]. [2005-12-26] http: //faculty. washington. edu/sandeep/check/.

[87] Kroll, B. & R. Vann. *Exploring Speaking-writing Relationships: Connections and Contrasts* [M]. Urbana: National Council of Teachers of English, 1981.

[88] Kukich, K. Beyond automated essay scoring[A]. In Hearst (Ed.). *The Debate on Automated Essay Scoring* [C]. *IEEE Intelligent Systems*, 2000(6).

[89] Kulhavy, R. W. & W. A. Stock. Feedback in written instruction: The place of response certitude [J]. *Educational Psychology Review*, 1989, 1(4): 279—308.

[90] Langer, I., Schulz von T. F. & R. Tausch. *Sich verständlich ausdrucken* (*Expressing Oneself Comprehensively*) [M]. München: Ernst Reinhardt Verlag, 1999.

[91] LaPierre, D. *Language Output in a Cooperative Learning Setting: Determining Its Effects on Second Language Learning*[D]. Toronto: University of Toronto, 1994.

[92] Lee, I. Error correction in L2 secondary writing classrooms: The case of Hong Kong [J]. *Journal of Second Language Writing*, 2004, 13(2): 285—312.

[93] Lee, I. Peer reviews in Hong Kong tertiary classroom [J].

TESL Canada Journal, 1997, 15: 58—69.

[94] Lee, I. Student reactions to teacher feedback in two Hong Kong secondary classrooms [J]. *Journal of Second Language Writing*, 2008, 17: 144—164.

[95] Lee, I. Understanding teachers' written feedback practices in Hong Kong secondary classrooms [J]. *Journal of Second Language Writing*, 2008, 17(1): 69—85.

[96] Leeser, M. J. Learner proficiency and focus on form during collaborative dialogue[J]. *Language Teaching Research*, 2004(8): 55—81.

[97] Leki, I. Potential problems with peer responding in ESL writing classes [J]. *CATESL Journal*, 1990, 3.

[98] Leki, I. The preferences of ESL students for error correction in college-level-writing classes [J]. *Foreign Language Annals*, 1991, 24: 203—218.

[99] Lightbown, P. Great expectations: Second-language acquisition research and classroom teaching [J]. *Applied Linguistics*, 1985, 6(2): 173—189.

[100] Lin, S. S. J. , Liu, E. Z. F. & S. M. Yuan. Web-based peer assessment: Feedback for students with various thinking-styles [J]. *Journal of Computer Assisted Learning*, 2001, 17: 420—432.

[101] Lindblom-Ylanne, S. & H. Pihlajamaki. Can a collaborative network environment enhance essay-writing processes? [J]. *British Journal of Educational Technology*, 2003(34).

[102] Liu, J. & J. G. Hansen. *Peer Response in Second Language Writing Classroom* [M]. Ann Arbor:

University of Michigan, 2002.

[103] Liu, J. & R. Sadler. The effect and affect of peer review in electronic versus traditional modes on L2 writing [J]. *Journal of English for Academic Purposes*, 2003(2).

[104] Lockhart, C. & P. Ng. Analyzing talk in ESL peer response groups: Stances, functions, and content [J]. *Language Learning*, 1995, 45: 605—655.

[105] Lockhart, C. & P. Ng. How useful is peer response? [J]. *Perspectives*, 1993, 5(1): 17—29.

[106] Long, M. H. The role of the linguistic environment in second language acquisition [A]. In Ritchie, W. & T. Bhatia (Eds.). *Handbook of Second Language Acquisition* [C]. San Diego: Academic Press, 1996.

[107] Long, M. H. Input and second language acquisition theory [A]. In Gass, S. M. & C. G. Madden (Eds.). *Input in Second Language Acquisition* [C]. Rowley: Newbury House, 1985: 377—93.

[108] Long, M. H. Input, interaction, and second language acquisition [A]. In Winitz, H. (Ed.). *Native Language and Foreign Language Acquisition* [C]. New York: New York Academy of Sciences, 1981.

[109] Long, M. H. & P. A. Porter. Group work, interlanguage talk, and second language acquisition [J]. *TESOL Quarterly*, 1985, 19(2): 207—228.

[110] Lundstroms, K. & W. Baker. To give is better than to receive: The benefits of peer review to the reviewer's own writing [J]. *Journal of Second Language Writing*, 2009, 18(1): 30—43.

[111] Lynch, B. K. & T. F. McNamara. Using G-theory and Many-facet Rasch measurement in the development of performance assessments of the ESL speaking skills of immigrants [J]. *Language Testing*, 1998, 15: 158—180.

[112] Mackey, A. *Input, Interaction, and Corrective Feedback in L2 Learning* [M]. Oxford: Oxford University Press, 2012.

[113] Mangelsdorf, K. Parallels between speaking and writing in second language acquisition [A]. In Johnson, D. & D. Roen (Eds.). *Richness in Writing: Empowering ESL Students* [C]. White Plains: Longman, 1989: 134—135.

[114] Mangelsdorf, K. Peer feedbacks in the ESL composition classroom: What do the students think? [J]. *ELT Journal*, 1992 (46).

[115] Mangelsdorf, K. Peer reviews in the ESL composition classroom: What do the students think? [J]. *ELT Journal*, 1992, 46(3)

[116] Mangelsdorf, K. & A. Schlumberger. ESL student response stances in a peer-review task [J]. *Journal of Second Language Writing*, 1992, 1: 235—254.

[117] Marcus, H. The writing center: Peer tutoring in a supportive setting [J]. *The English Journal*, 1984, 73: 66—67.

[118] Matsumura, S. & G. Hann. Computer anxiety and students' preferred feedback methods in EFL writing [J]. *The Modern Language Journal*, 2004(88).

[119] Matsuno, S. Self, peer, and teacher-assessments in Japanese university EFL writing classrooms [J].

Language Testing，2009(1)：75—100.

[120] McCurry，D. Can machine scoring deal with broad and open writing tests as well as human readers? [J]. *Assessing Writing*，2010(15).

[121] McDonough，K. Learner-learner interaction during pair and small group activities in a Thai EFL context [J]. *System*，2004，32(2)：207—224.

[122] McMurry，A. I. *Preparing Students for Peer Review* [D]. Provo：Brigham Young University，2004.

[123] McLaughlin，B. Restructuring [J]. *Applied Linguistics*，1990，11(2)：113—128.

[124] McLaughlin，B. & R. Heredia. Information processing approaches to the study of second language acquisition [A]. In Ritchic，W. & T. K. Bhatia (Eds.). *Handbook of Language Acquisition* [C]. New York：Academic Press，1996：213—228.

[125] Mendongca，C. O. & K. E. Johnson. Peer review negotiations：Revision activities in ESL writing instruction [J]. *TESOL Quarterly*，1994（4）：745—769.

[126] Miedema，J. L. *Fairness and the Self* [D]. Leiden：Leiden University，2004.

[127] Milton，J. From parrots to puppet masters：Fostering creative and authentic language use with online tools [A]. In Holmberg，B.，Shelly，M. & C. White (Eds.). *Distance Education and Language：Evolution and Change* [C]. Clevedon：Multilingual Matters，2004.

[128] Milton，J. Lexical thickets and electronic gateways：

Making text accessible by novice writers [A]. In Candlin, C. & K. Hyland (Eds.). *Writing: Texts, Processes and Practices* [C]. London: Longman, 1999.

[129] Milton, J. Resource-rich web-based feedback: Helping learners become independent writers [A]. In Hyland, K. & F. Hyland (Eds.). *Feedback in Second Language Writing: Contexts and Issues* [C]. New York: Cambridge University Press, 2006.

[130] Min, H. T. The effects of trained peer review on EFL students' revision types and writing quality [J]. *Journal of Second Language Writing*, 2006(2): 118—141.

[131] Min, H. T. Training students to become successful peer reviewers [J]. *System*, 2005(33): 293—308.

[132] Min, H. T. Why peer comments fail? [J]. *English Teaching and Learning*, 2003, 27(3): 85—103.

[133] Mittan, R. The peer review process: Harnessing students' communicative power [A]. In Johnson, D. M. & D. H. Roen (Eds.). *Richness in Writing* [C]. New York: Longman, 1989: 207—219.

[134] Mo, J. H. An exploratory study of conducting peer feedback among Chinese college students [J]. *CELEA Journal*, 2005(28).

[135] Mory, E. H. Feedback research revisited. In Jonassen D. H. (Ed.). *Handbook of Research on Educational Communications and Technology (2nd ed.)* [C]. Mahwah: Lawrence Erlbaum Associates, 2004: 745—783.

[136] Nabei, T. Dictogloss: Is it an effective language learning

task? [J]. *Working Papers in Educational Linguistics*, 1996, 12: 59—74.

[137] Nagasaka, A. Japanese students' reactions to and perceptions of feedback: Analyses of journal entries and questionnaires [R]. Paper presented at Symposium of Second Language Writing, West Lafayette: Purdue University, 2000.

[138] Narciss, S. Feedback strategies for interactive learning tasks [A]. In Spector, J. M., Merrill, M. D., Van Merriënboer, J. J. G. & M. P. Driscoll (Eds.). *Handbook of Research on Educational Communications and Technology* (3rd ed.) [C]. Mahwah: Erlbaum, 2008: 125—143.

[139] Narciss, S. *Informatives Tutorielles Feedback* (*Informative Tutorial Feedback*) [M]. Münster: Waxmann, 2006.

[140] Nassaji, H. & M. Swain. A Vygotskian perspective on corrective feedback in L2: The effect of random versus negotiated help on the learning of English articles [J]. *Language Awareness*, 2000, 9: 34—51.

[141] Nelson, G. L. & J. G. Carson. ESL students' perceptions of effectiveness in peer response groups [J]. *Journal of Second Language Writing*, 1998, 7 (2): 113—131.

[142] Nelson, G. L. & J. M. Murphy. An L2 writing group: Task and social dimensions [J]. *Journal of Second Language Writing*, 1992, 1: 171—193.

[143] Nelson, G. L. & J. M. Murphy. Peer feedback groups: Do L2 writers use peer comments in revising their drafts?

[J]. *TESOL Quarterly*, 1993 (27).

[144] Nelson, G. L. & J. M. Murphy. Writing groups and the less proficient ESL student [J]. *TESOL Journal*, 1992 (2):23—26.

[145] Nystrand, M. Learning to write by talking about writing: A summary of research on intensive peer review in expository writing instruction [R]. Urbana: University of Wisconsin-Madison, 1984.

[146] Nystrand, M. Learning to write by talking about writing: A summary of research on intensive peer review in expository writing instruction at the University of Wisconsin-Madison [A]. In M. Nystrand (Ed.). *The Structure of Written Communication: Studies in Reciprocity Between Writers and Readers* [C]. Orlando: Academic Press, Inc, 1986: 179—211.

[147] Nystrand, M. *The Structure of Written Communication: Studies in Reciprocity Between Writers and Readers* [M]. *Orlando*: Academic Press, 1986.

[148] O'Donnell, C. Peer editing: A way to improve writing [R]. Paper presented at the meeting of the combined annual meeting of the Secondary School English Conference and the Conference on English Education, Omaha, 1980.

[149] O'Sullivan, I. & A. Chambers. Learners' writing skills in French: Corpus consultation and learner evaluation [J]. *Journal of Second Language Writing*, 2006 (15).

[150] Park, T. An investigation of an ESL placement test of writing using multi-faceted rasch measurement [R].

Teachers College, Columbia University working papers in TESOL and applied linguistics, 2004, 4: 1—21.

[151] Patri, M. The influence of peer feedback on self-and peer-assessment of oral skills [J]. *Language testing*, 2002 (19):109—131.

[152] Partridge K L. *A Comparison of the Effectiveness of Peer vs. Teacher Evaluation for Helping Students of English as a Second Language to Improve the Quality of Their Written Compositions* [D]. Manoa: University of Hawaii, 1981.

[153] Paulus, T. M. The effect of peer and teacher feedback on student writing [J]. *Journal of Second Language Writing*, 1999(3): 265—289.

[154] Philp,J., Walter, S. & H. Basturkmen. Peer interaction in the foreign language classroom: What factors foster a focus on form? [J]. *Language Awareness*, 2010, 19(4): 261—279.

[155] Pica, T. & C. Doughty. Input and interaction in the communicative language classroom: A comparison of teacher-fronted and group activities[A]. In Gass, S. & C. Madden (Eds.). *Input in Second Language Acquisition* [C]. Lowley: Newbury House, 1985: 115—132.

[156] Prins, F. J., Sluijsmans, D. M. A. & P. A. Kirschner. Feedback for general practitioners in training: Quality, styles, and preferences [J]. *Advances in Health Sciences Education*, 2006, 11: 289—303.

[157] Proske, A. *Entwicklung und Evaluation Computerbasierter*

Trainingsaufgaben für das Wissenschaftlichen Schreiben (*Design and Evaluation of Computer-based Training Assignments for Academic Writing*) [D]. Dresden: Technical University Dresden, 2006.

[158] Raimes, D. *Language Teaching Methodology* [M]. New York: Prentice Hall, 1983.

[159] Robb, T. , Ross, S. & I. Shortreed. Salience of feedback on error and its effect on EFL writing quality [J]. *TESOL Quarterly*, 1986, 20: 82—94.

[160] Rollinson,P. Using peer feedback in the ESL writing class [J]. *ELT Journal*, 2005, 59 (1): 23—30.

[161] Rollinson,P. Peer response and revision in an ESL writing group: A case study, Unpublished PhD thesis, Universidad Autonoma de Madrid.

[162] Rothschild, D. & F. Klingenberg. Self and peer evaluation of writing in the interactiveESL classroom: An exploratory study [J]. *TESL Canada Journal*, 1990, 8(1): 52—76.

[163] Sager, C. Improving the quality of written composition through pupil use of rating scale [R]. Paper presented at the annual meeting of the National Council of Teachers of English, Philadelphia, 1973.

[164] Sato, T. *Revising Strategies Japanese Students' Writing in English as a Foreign Language* [D]. Pennsylvania: Indiana University of Pennsylvania, 1991.

[165] Schaffer, J. Peer response that works [J]. *Journal of Teaching Writing*, 1996, 15: 81—90.

[166] Schmidt, R. The role of consciousness in second language

learning [J]. *Applied Linguistics*, 1990(1): 129—158.

[167] Schultz, J. Computers and collaborative writing in the foreign language curriculum [A]. In Warschauer, M. & R. Kern (Eds.). *Network-based Language Learning: Concepts and Practice* [C]. Cambridge: Cambridge University Press, 2000.

[168] Segalowitz, N. Automaticity and attentional skill in fluent performance [A]. In Riggenbach, H. (Ed.). *Perspectives on Fluency* [C]. Ann Arbor: University of Michigan Press, 2000: 200—19.

[169] Sengupta, S. From text revision to text improvement: A story of secondary school composition [J]. *RELC Journal*, 1998, 29(1): 110—137.

[170] Sengupta, S. Peer evaluation: "I am not the teacher" [J]. *ELT Journal*, 1998(52): 19—28.

[171] Shute, V. J. Focus on formative feedback [J]. *Review of Educational Research*, 2008, 78: 153—189.

[172] Skinner, B. F. Teaching machines [J]. *The Review of Economics and Statistics*, 1960, 42(3): 189—191.

[173] Slavin, R. E. Comparative Learning [J]. *Review of Education Research*, 1980, 50.

[174] Sluijsmans, D., Dochy, F. & G. Moerkerke. Creating a learning environment by using self-, peer-and co-assessment [J]. *Learning Environments Research*, 1999, 1: 293—319.

[175] Sotillo, S. M. Discourse functions and syntactic complexity in synchronous and asynchronous communication [J]. *Language Learning & Technology*,

2000(4).

[176] Spear, R. *Sharing Writing: Peer Response Groups in English Classes* [M]. Portsmouth: Poynton/Cook, 1988.

[177] Stanley, J. Coaching students writers to be effective peer evaluators [J]. *Journal of Second Language Writing*, 1992, (3): 217—233.

[178] Storch, N. Are two heads better than one? Pair work and grammatical accuracy [J]. *System*, 1999, 27: 363—374.

[179] Storch, N. Patterns of interaction in ESL pair work [J]. *Language Learning*, 2002, 52: 119—158.

[180] Storch, N. Collaborative writing: Product, process and students' reflections [J]. *Journal of Second Language Writing*, 2005, 14: 153—173.

[181] Storch, N. Metatalk in a pair work activity: Level of engagement and implications for language development [J]. *Language Awareness*, 2008, 17(2): 95—114.

[182] Storch, N. Collaborative writing in L2 contexts: Processes, outcomes, and future directions [J]. *Annual Review of Applied Linguistics*, 2011(31): 275—288.

[183] Storch, N. *The Nature of Pair Interaction. Learners' Interaction in an ESL Class: Its Nature and Impact on Grammatical Development* [M]. Saarbrucken: VDM Verlag, 2009.

[184] Stone, C. A. What is missing in the metaphor of scaffolding? [A]. In Forman, E. A., Minick, N. & C. A. Stone, (Eds.). *Contexts for Learning: Sociocultural Dynamics in Children's Developmen* [M].

Oxford: Oxford University Press, 1993.

[185] Sullivan, K. & E. Lindgren. Self-assessment in autonomous computer-aided second language writing [J]. *ELT Journal*, 2002: 258—266.

[186] Swain, M. Communicative competence: Some roles of comprehensible input and comprehensible output in its development [A]. In Gass, S. & C. Madden (Eds.). *Input in Second Language Acquisition* [C]. Rowley: Newbury House, 1985: 235—253.

[187] Swain, M. Focus on form through conscious reflection [A]. In Doughty, C. & J. Williams (Eds.). *Focus on Form in Classroom Second Language Acquisition* [C]. Cambridge: Cambridge University Press, 1998: 64—81.

[188] Swain, M. French immersion research in Canada: recent contributions to SLA and applied linguistics [J]. *Annual Review of Applied Linguistics*, 2000, 20: 199—212.

[189] Swain, M. The output hypothesis and beyond: Mediating acquisition through collaborative dialogue [A]. In Lantolf, J. P. (Ed.). *Sociocultural Theory and Second Language Learning* [C]. Oxford: Oxford University Press, 2000: 97—114.

[190] Swain, M. Three functions of output in second language learning [A]. In Cook, G. & B. Seidhofer (Eds.). *For H. C. Widdowson: Principles and Practice in the Study of Language: A Festschrift on the Occasion of His 60th Birthday* [C]. Oxford: Oxford University Press, 1995: 125—144.

[191] Swain, M., Brooks, L. & A. Tocalli-Beller. Peer-peer

dialogue as a means of second language learning [J]. *Annual Review of Applied Linguistics*, 2002, 22: 171—185.

[192] Swain, M. & S. Lapkin. Focus on form through collaborative dialogue: exploring task effects [A]. In Bygate, M., Skehan, P. & M. Swain (Eds.). *Researching Pedagogic Tasks: Second Language Learning, Teaching, and Testing* [C]. New York: Longman, 2001: 99—118.

[193] Swain, M. & S. Lapkin. Interaction and second language learning: Two adolescent French immersion students working together [J]. *The Modern Language Journal*, 1998, 82: 320—337.

[194] Swain, M. & S. Lapkin. Problems in output and the cognitive processes they generate: A step toward second language learning [J]. *Applied Linguistics*, 1995, 16: 371—391.

[195] Swain, M. & S. Lapkin. Task-based second language learning: the uses of the first language [J]. *Language Teaching Research*, 2000, 4: 251—274.

[196] Tang, G. M. & J. Tithecott. Peer response in ESL writing [J]. *TESL Canada Journal*, 1999, 16: 20—38.

[197] Teo, A. K. Social-interactive writing for English language learners [J]. *The CATESOL Journal*, 2006, 18: 160—178.

[198] Thorndike, E. L. *Animal Intelligence* [M]. New York: Macmillan, 1911.

[299] Todd, R. Induction from self-selected concordances and

self-correction [J]. *System*, 2001(29).

[200] Tompkins, G. *Teaching Writing: Balancing Process and Product* [M]. New York: Merrill, 1990.

[201] Truscott, J. & A. Y. P. Hsu. Error correction, revision, and learning [J]. *Journal of Second Language Writing*, 2008, 17(4): 292—305.

[202] Tsui, A. & M. Ng. Do secondary L2 writers benefit from peer comments? [J]. *Journal of Second Language Writing*, 2000(2): 147—170.

[203] Tuzi, F. The impact of e-feedback on the revisions of L2 writings in an academic writing course[J], *Computers and Composition*, 2004, 21(2): 217—235.

[204] Valenti, S., Neri, F. & A. Cucchiarelli. An overview of current research on Automated Essay Grading [J]. *Journal of Information Technology Education*, 2003 (2).

[205] Van den Berg, I. Peer Assessment in Universitair Onderwijs: Een Onderzoek Naar Bruikbare Ontwerpen (Peer Assessment in Higher Education: A Study on Useful Designs). Utredt: Utrecht University, 2003.

[206] Van Gog, T., Paas, F., Savenye, W., Robinson, R., Niemczyk, M., Atkinson, R., et al. Data collection and analysis (section on assessment of complex performance) [A]. In Spector, J. M., Merrill, M. D., Van Merriënboer, J. J. G. & M. P. Driscoll (Eds.). *Handbook of Research on Educational Communications and Technology* (3rd ed.) [C]. Mahwah: Erlbaum, 2008: 763—800.

[207] Van Steendam, E. , Rijlaarsdam, G. , Sercu, L. & H. Van den Bergh. The effect of instruction type and dyadic or individual emulation on the quality of higher-order peer feedback in EFL [J]. *Learning and Instruction*, 2010, 20 (4): 316—327.

[208] VanPatten, B. Attending to form and content in the input: An experiment in consciousness [J]. *Studies in Second Language Acquisition*, 1990, 12: 287—301.

[209] VanPatten, B. *Input Processing and Grammar Instruction* [M]. New York: Ablex, 1996.

[210] Villamil, O. S. & M. C. M. De Guerrero. Peer revision in the L2 classroom: Social-cognitive activities, mediating strategies and aspects of social behavior [J]. *Journal of Second Language Writing*, 1996(1): 51—76.

[211] Villamil, O. S. & M. C. M. De Guerrero. Assessing the impact of peer revision on L2 writing [J]. *Applied Linguistics*, 1998, 19: 491—514.

[212] Vygotsky, L. S. *Mind in Society* [M]. Cambridge: Harvard University Press, 1978.

[213] Vygotsky, L. S. *Mind and Society: The Development of Higher Mental Processes* [M]. Cambridge: Harvard University, 1978.

[214] Vygotsky, L. S. *Thought and Language* [M]. Cambridge: MIT Press, 1962.

[215] Wajnryb, R. *Grammar Dictation* [M]. Oxford: Oxford University Press, 1990.

[216] Warden, C. & J. Chen. Improving feedback while decreasing teacher burden in R. O. C. : ESL business

English writing classes [A]. In Bruthiaux, P. , Boswood, T. & B. Du-Babcock (Eds.). *Explorations in English for Professional Communications* [C]. Hong Kong: City University of Hong Kong Press, 1995.

[217] Ware, P. Confidence and competition online: ESL student perspectives on web-based discussions in the classroom [J]. *Computers and Composition*, 2004(21).

[218] Ware, P. & M. Warschauer. Electronic feedback and second language writing [A]. In Hyland, K. & F. Hyland (Eds.). *Feedback in Second Language Writing: Contexts and Issues* [C]. New York: Cambridge University Press, 2006.

[219] Warschauer, M. Networking into academic discourse [J]. *Journal of Second Language Writing*, 2002(1): 45—58.

[220] Wiener, H. Collaborative learning in the classroom: A guide to evaluation [J]. *College English*, 1986, 48: 52—61.

[221] Wigglesworth, G. & N. Storch. Pairs versus individual writing: Effects on fluency, complexity and accuracy [J]. *Language Testing*, 2009, 26: 445—466.

[222] Williams, J. Learner-generated attention to form [J]. *Language Learning*, 1999, 51: 303—346.

[223] Williams, J. The effectiveness of spontaneous attention to form [J]. *System*, 2001, 29: 325—340.

[224] Winsteps. Winsteps, facets: Rasch analysis software[EB/OL]. [2006-9-2]http: //www. winsteps. com.

[225] Yule, G. & D. Macdonald. Resolving referential conflicts in L2 interaction: The effect of proficiency and interactive

role [J]. *Language Learning*，1990，40(4)：539—556.

[226] Zhang，S. Reexamining the affective advantage of peer feedback in the ESL writing class [J]. *Journal of Second Language Writing*，1995(4).

[227] Zhu，W. Effects of training for peer feedback on comments and interaction [J]. *Written Communication*，1995(12).

[228] Zhu，W. Interaction and feedback in mixed peer response groups [J]. *Journal of Second Language Writing*，2001 (10)：251—276.

[229] 白丽茹.基础英语写作同伴互评反馈模式的可行性及有效性检验[J].解放军外国语学院学报,2013(1)：51—56.

[230] 包著红."最近发展区"概念与大学英语写作同伴反馈[J].黑龙江教育学院学报,2010(10)：174—176.

[231] 蔡基刚.中国大学生英语写作在线同伴反馈和教师反馈对比研究[J].外语界,2011(2)：65—72.

[232] 陈芳露.同伴互评在英语专业翻译教学中的应用研究[D].济南:山东师范大学,2013.

[233] 陈茂庆,李宏鸿,高惠蓉.名著阅读与同伴互评[J].外语教学理论与实践,2013(1)：71—78.

[234] 陈茂庆.小说在 ESL 教学中的运用[J].国外外语教学,1999 (2)：37—39.

[235] 邓鹏鸣,岑粤.同伴互评反馈机制对中国学生二语写作能力发展的功效研究[J].外语教学,2010(1)：59—63.

[236] 丁言仁,郝克.英语语言学纲要[M].上海:上海外语教育出版社,2001.

[237] 樊洁.使用同伴反馈策略在英语写作教学中的应用浅析[J].长春教育学院学报,2011(2)：160—161.

[238] 裹月英.动态系统理论下同伴反馈对大学生英语口语能力

的影响[D].重庆:四川外国语大学,2012.

[239] 冯美娜.语言水平及结对方式对同伴反馈效果的影响研究[J].宁波大学学报:教育科学版,2015,37(2):16—20.

[240] 葛丽芳.英语写作中教师评阅及同伴互评的反馈效果研究[J].山东外语教学,2011(3):54—57.

[241] 高歌.不同分组条件下同侪反馈对学生英语写作的影响[J].外语学刊,2010(6):93—97.

[242] 龚晓斌.英语写作教学:优化的同伴反馈[J].国外外语教学,2007(3):49—53.

[243] 顾莹.论伙伴评估在大学英语口语教学中的有效性[J].运城学院学报,2006(6):96—97.

[244] 郭燕,秦晓晴.中国非英语专业大学生的外语写作焦虑测试报告及其对写作教学的启示[J].外语界,2010(2):54—62.

[245] 韩晓东.关于同级反馈对不同水平中国英语学习者英语写作影响的研究[D].苏州:苏州大学,2005.

[246] 何丽芬.同伴反馈对优差生英语写作教学影响的实证分析[J].重庆理工大学学报:社会科学,2011(12):119—124.

[247] 胡茶娟,张迎春.大学英语写作教学中同伴互评效果的比较研究——基于135名学生的分组对照实验[J].湖南农业大学学报:社会科学版,2011,12(3):68—72.

[248] 胡茶娟,张迎春.基于移动学习的大学英语写作反馈模式构建要素分析[J].现代信息技术,2014(7):71—78.

[249] 纪小凌.同侪互评与教师评阅在英语专业写作课中的对比研究[J].解放军外国语学院学报,2010(5):60—65.

[250] 纪小凌,陆晓.教师书面反馈即时效果研究[J].当代外语研究,2014(8):36—40.

[251] 蒋学清,蔡静,唐锦兰.探析自动作文评价系统对大学生英语写作能力发展的影响[J].山东外语教学,2011(6):

38—45.

[252] 蒋宇红.在线同伴评价在写作能力发展中的作用[J].外语教学与研究,2005(3):226—230.

[253] 景晓平.研究生英语写作中的同伴反馈[J].南京邮电学院学报:社会科学版,2005(3):58—61.

[254] 孔文.二语写作中的同伴反馈:对称性还是非对称性?——Piaget 与 Vygotsky 观点之争[J].外语教学,2013(7):50—55.

[255] 劳诚烈.3T 模式——大学英语教学方法改革的设想[J].外语与外语教学,1998(4):34—36.

[256] 李丹丽.二语协作任务中同伴支架对语言输出的影响[J].中国外语,2014,11(1):43—50.

[257] 李森.改进英语写作教学的重要举措:过程教学法[J].外语界,2000(1):19—23.

[258] 李小撒.同伴互评在翻译教学中的应用效果及其教学意义[J].外语教学理论与实践,2013(2):83—88.

[259] 梁茂成,文秋芳.国外作文自动评分系统评述及启示[J].外语电化教学,2007(5):18—24.

[260] 连淑能.翻译教学发探索——《英译汉教程》教学方法提示[J].外语与外语教学,2007(4):29—34.

[261] 刘建达.学生英文写作能力的自我评估[J].现代外语,2002(3):21—29.

[262] 刘晓玲,杨高云.一种基于网络的同伴写作评改方法[J].中国外语,2008(2):56—60.

[263] 刘奕,王小兰.论基于 Blog 的英语写作教学中的多元反馈模式[J].外语教学,2010(4):70—72.

[264] 楼荷英.自我评估同辈评估与培养自主学习能力之间的关系[J].外语教学,2005(4):60—63.

[265] 孟晓.同伴反馈在英语写作教学中的应用研究[J].山东外语教学,2009(4):61—64.

[266] 苗菊.翻译能力研究——构建翻译教学的基础[J].外语与外语教学,2007(4):47—50.

[267] 莫俊华.同伴互评:提高大学生写作自主性[J].解放军外国语学院学报,2007(3):35—39.

[268] 戚焱.反馈在英语写作教学中的作用[J].国外外语教学,2004(1):47—53.

[269] 宋铁花.EFL 写作教学中修正性反馈研究[J].西安外国语大学学报,2011(4):67—69.

[270] 覃成强.论同辈反馈在英语写作中的作用[J].广西民族大学学报:哲学社会科学版,2007(5):179—181.

[271] 唐丰.同伴反馈与教师反馈对非英语专业学生写作能力影响的研究[J].科技信息,2009(9):156—157.

[272] 汪静.同级反馈对中国非英语专业学生英语写作作用的研究[D].济南:山东大学,2008.

[273] 王翔.学生能够掌握互改技巧吗?[J].国外外语教学,2004(1):54—56.

[274] 王丽.同步在线的同侪互评对英语专业学生写作动机及写作水平之影响[J].当代外语研究,2010(11):52—55.

[275] 王立非.我国英语写作实证研究:现状与思考[J].外语界,2005(1):50—55.

[276] 王树槐.西方翻译教学研究:特点、范式与启示[J].上海翻译,2009(3):43—48.

[277] 王莹.公共英语写作中引入同伴互评模式的行动研究[J].甘肃高师学报,2010(2):131—134.

[278] 吴锦,张在新.英语写作教学新探——论写前阶段的可行性[J].外语教学与研究,2000(3):213—218.

[279] 徐欣.纠正作文错误——以学生为中心[J].国外外语教学,
2003(2):48—51.

[280] 许悦婷.基于匿名书面反馈的二语写作反馈研究[J].外语
教学理论与实践,2010(3):44—49.

[281] 叶绿青.作文评改及评改模式对学生作文的影响[J].山东
外语教学,1999(3):73—76.

[282] 邵名莉.同伴评价在英语专业写作教学中的运用研究[J].
外语教学理论与实践,2009(2):47—53.

[283] 杨敬清.提高英语写作评改有效性的反馈机制——实验与
分析[J].外语界,1996(3):41—45.

[284] 杨丽萍.训练后的同伴反馈在中国非英语专业学生英语写
作中的作用研究[D].长春:吉林大学,2009.

[285] 杨苗.中国英语写作课教师反馈和同侪反馈对比研究[J].
现代外语,2006(3):293—301.

[286] 姚欣,万静然.大学英语写作多样性评改反馈研究[J].外语
研究,2012(2):63—66.

[287] 岳中生.英语写作 CPTT 四级评改体系与教学实践[J].外
语界,2008(4):68—72.

[288] 张福慧,戴丽红.基于网络写作语料的师生评改对比研究
[J].中国外语,2011(1):78—84.

[289] 张慧军.英语写作教学中的又小反馈评改[J].疯狂英语:教
师版,2007(10):8—12.

[290] 张立.在 EFL 写作教学中中国大学生对同伴互评的认知
[J].四川外语学院学报,2008(4):141—144.

[291] 张双祥.英语写作教学中同伴作文修改效果的实证研究
[J].惠州学院学报,2007(1):105—109.

[292] 张萍,郭红梅.大学英语作文反馈的必要性及方式[J].山东
外语教学,2007(3):66—69.

[293] 张兴芳.英语写作评改研究[J].长春理工大学学报:社会科学版,2009,22(6):1024—1025.

[294] 张英,程慕胜,李瑞芳.写作教学中的反馈对教学双方认知行为的影响[J].外语界,2000(1):24—28.

[295] 赵飞,邹为诚.互动假说的理论建构[J].外语教学理论与实践,2009(2):78—87.

[296] 周辉.同伴互评对不同写作水平的非英语专业大学生作文修改的影响[D].合肥:安徽大学,2010.

[297] 周一书.论同伴反馈在大学英语写作课堂中的有效性[J].江苏教育学院学报,2013(2):121—124.

[298] 朱秋娟.反馈机制与写作教学——国内外研究及对大学英语写作教学的启示[J].长春理工大学学报:社会科学版,2010(3):160—162.

[299] 朱玉彬,许钧.关注过程:现代翻译教学的自然转向——以过程为取向的翻译教学的理论探讨及其教学法意义[J].外语教学理论与实践,2010(1):84—88.